DIVORCIO, POLITICA, HOMOSEXUALIDAD Y LA IGLESIA CRISTIANA:
Un aporte desde la ética teológica y del Evangelio al quehacer teológico hispanoamericano

Luis Eduardo Cantero. Ph.D.

Kerigma
Publicaciones

Publicaciones Kerigma ©2016

Salem Oregón

Todos los derechos son reservados. Por consiguiente: Se prohíbe la reproducción total o parcial de esta obra por cualquier medio de comunicación sea este digital, audio, video escrito, salvo para citaciones en trabajos de carácter académico según los márgenes de la ley o bajo el permiso escrito de Publicaciones Kerigma.

www.seminarioteologicokerigma.org/publicaciones

Diseño de Portada: Fabio L. Mejia

2016 Publicaciones Kerigma

Salem Oregón

Derechos Reservados © Luis Eduardo Cantero

All rights reserved.

ISBN: 0997995807
ISBN-13: 9780997995800

DEDICATORIA

A todas y todos aquellos hermanos evangélicos, colegas, pastores; y especial
a aquellos rostros excluidos de los sistemas políticos y religiosos de
de esta América Latina en su crisol de rostros que emergen por doquier
y al Dios de la vida quien se ha identificado
con esos rostros invisibilizados.

CONTENTS

Agradecimiento.. i

1 Introducción..Pg. 03

2 Vivir en pareja antes de casarse..............................Pg. 05

3 Divorcio entre cristianos: desde una reflexión ética y bíblica. Un aporte a la pastoral latinoamericana..........................Pg. 11

4 Los evangélicos y la política en américa latina. aporte para una política responsable..Pg.24

5 Homosexualidad, matrimonio igualitario e iglesia: ¿Cómo debe actuar la iglesia y la pastoral frente a estos grupos? aporte personal de un teólogo bautista latinoamericano.....................Pg. 44

6 Los evangélicos y la violencia en América latina ¿Qué podemos ofrecer nosotros los cristianos evangélicos para que haya paz? estudio de caso: Colombia.....................................Pg. 70

7 ¿Es ética la violencia revolucionaria? reflexionando sobre los grupos armados en Colombia..Pg. 84

8 Martin Lutero, un apóstol de la gracia........................Pg.88

9 ETICA Y SEXUALIDAD: el papel de la biblia en el desarrollo de una ética sexual en nuestras iglesias..........................Pg. 91

10 Conclusión..Pg. 97

CON GRATITUD

Quiero agradecer, no solo a las personas que hicieron posible la realización de este libro, sino a todos mis estudiantes de Argentina, de América y de España.

1 INTRODUCCION

En el año de 2012 me invitaron a un seminario de Suramerica, a ofrecer una serie de conferencias sobre temas, que en ese momento estaban en controversia, y que siguen estando a la palestra de las discusiones teologales y pastorales: Como son el divorcio, las relaciones de convivencias, la politicas y el matrimonio igualitario, estos temas deberian ser abordado desde es el Evangelio y la Etica teológica.

Estos temas, a mi parecer, dificil y complicado de abordar; pues, son temas que implican tener en cuenta el sistema doctrinal que hemos aprendido en nuestra formación espiritual, pero también se ven involucrados en esos temas a personas. Las personas son importantes para el Señor, antes de asumir un jucio, una marginación, etc, debemos mirar a la manera que Dios mira a las personas. Esto involucra pensar, tratar de acercarme a cada tema con mucho cuidado con el objetivo de no lastimar a esos seres humanos, que son nuestros amigos, hermanos, colegas y consiervos.

Abordaré cada tema desde la perspectiva etica y del Evangelio, que nos ayude a no irnos a los extremos, que podamos diferenciar la doctrina de lo doctrinario; que antes de levantar un juicio pensemos en la persona que recibe ese juicio. No es facil, mi tarea en este libro, porque sé que esta en juego nuestras creencias, nuestra doctrina y sobre todo tratamos de no dañar ni contaminar el verdadero Evangelio enseñado por Jesus. Por ende, comenzaré hablando sobre el Divorcio, pero dentro del divorcio trataré algo que conlleva a esto, que a diarios enfrentamos en la pastoral como es la relaciones consentidas (marinovios, algunos lo llaman concubinato legalizado o sostenido por la teoria del amor). Después abordaré la politica y concluiré con el Homosexualismo, desde una reflexion etica y teológica, como un aporte al devate latinoamericano.

Hablar de estos temas: El divorcio, convivencias entre los cristianos y sus líderes; no es facil, porque para algunos paises latinoamericanos que se creen "más avanzado", como la Argentina donde mantiene un indice superior de divorcios, que en otros paises menos "avanzados", como por ejemplo Peru. Hablar del divorcio, las convivencias, marinovios, relaciones consentidas, etc., es algo normal en la gran mayoria de cristianos, no se puede tapar el sol con una mano, los hechos demuestran lo que digo. Tampoco es mi interés de levantar juicios; pero, el número de divorcio puede ser el reflejo de estas convivencias antes de matrimonio, de placeres u otros.

En cambio, para otros paises es un tema que genera preocupación, pues hay sentido de pertenencia, de respeto a la doctrina del evangelio que hemos aprendido a través de la historia de la iglesia cristiana; por ende, valoramos y tratamos no violentar nuestros principios cristianos. Cada uno juzga de acuerdo a su grado de compromiso con Dios, con el ser humano y con su contexto eclesial. Pero, que en este libro tratare de aportar nuevas pautas para nuestro quehacerteologico y pastoral latinoamericano e hispanoamericano.

2 VIVIR EN PAREJA ANTES DE CASARSE

Vivir en pareja antes de casarse

En los últimos años del siglo pasado y comienzo del siglo XXI, ha venido ocurriendo un fenómeno en las nuevas generaciones de jóvenes y de familias, incluyendo los creyentes, que por estar a la par a los nuevos cambios socioculturales que nos desafía las corrientes posmodernas. Estos desafíos que son sostenidos por ideologías de países imperialistas, que contando con un poder adquisitivo han financiado comerciales, películas, novelas, etc. Todo esto ha contribuido por ejemplo a cambiar la mentalidad de las personas incluyendo a los creyentes, hoy es normal ver la excusa, como algo normal, para zafar de un compromiso como es el matrimonio, hoy es normal ver en "nuestra sociedad latinoamericanas, cada vez más las parejas que conviven antes de casarse." Asegura, Pfeifer Michael. Nuestra respuesta como líderes, pastores a este "fenómeno creciente exige respeto, paciencia y comprensión hacia estas parejas. Pero, no podemos claudicar a nuestra fidelidad a los valores cristianos del matrimonio y la vida familiar."[1]

Estas convivencias de prueba plantean una importante preocupación pastoral, a los líderes y a todos los responsables de transmitir la enseñanza y conservar la tradición evangélica a las parejas que buscan el compromiso para toda la vida en el matrimonio cristiano. Hoy este fenómeno ha ido desplazando el valor del matrimonio. El número de personas que viven en relaciones de convivencia ha ido creciendo, ha pasado de un 10% en la segunda mitad del siglo XX a casi un 60% a finales de ese siglo, y sigue creciendo ese porcentaje al 80% en 2006. Algunos se han preguntado del por qué optan por relaciones de convivencia en lugar de casarse, Michael afirma que: "la mayor parte responde algo así como: En la sociedad de hoy, con tanto divorcio, lo más lógico es realmente llegar a conocer plenamente al otro; por eso creemos que es importante convivir ya, para estar seguros de si será acertado o no casarnos en el futuro."[2]

Aunque seamos comprensibles "que las parejas que piensan casarse sean prudentes, puesto que han sido testigos de demasiados divorcios, quizá el de sus propios padres. Su decisión de vivir en pareja antes de casarse bien

---

[1] Pfaifer Michel, "Vivir en parejas antes del matrimonio", *en Revista Criterio*, Septiembre # 2203 (1997)
[2] Ibíd.,

podría ser vista como un intento sensato de evitar los fracasos de tantas parejas que los han precedido, y como un esfuerzo muy bien intencionado por "probar" los mares del matrimonio antes de sumergirse en el compromiso pleno del matrimonio cristiano." Pero, esta comprensión nos ayuda a identificar el problema, dice Michael, pues "aquella pareja que opta por convivir como parte de una prueba de la relación está dejando la puerta trasera abierta. Por el hecho de *vivir en pareja* implica que ambas personas están de acuerdo en que cualquiera de las dos tiene derecho a terminar la relación en cualquier momento. Vivir en pareja sin estar casado es un intento por vivir una relación íntima que supone un acuerdo por el que cualquiera de los dos puede terminar la relación en cualquier punto y por cualquier razón. Es por ello que muchas de estas relaciones parecen funcionar muy bien. Para algunos, esto es mejor que aquel matrimonio en el cual uno o ambos esposos han perdido el interés por "mejorar" la relación."[3]

Vivir en pareja desde la perspectiva bíblica es sinónimo relaciones prematrimoniales

Vivir en parejas como ellos mismos lo afirman una relación de mutuo acuerdo, que les permite conocerse mejor antes de abordar el compromiso matrimonial. Pero estas parejas de enamorados, lo que han logrado es no seguir los principios cristianos y bíblicos, ajustándose al sentimiento del amor mutuo, solo se han iniciado en las relaciones sexuales prematrimoniales. Algunas parejas para no reconocer su pecado afirman que todo se ha hecho por amor. Según estas parejas confiesan, que una pareja de enamorados que están listos para contraer nupcias y saben lo que quieren podrán tener relaciones sexuales sin peligro, ni trauma de ninguna clase. Pero, estas parejas que así piensan no saben realmente lo que dicen y hacen. "Es cierto que vivimos en una sociedad liberadora y de la revolución sexual."[4] Como lo confirma Luís Palau, en su libro: en *algunos países del mundo occidental enseñan abiertamente y oficialmente todo lo que hay que saber sobre el sexo.* [5]

Volviendo a las expresiones y costumbres por bonita que suenen y por atractivas que parezcan. Jamás podrán poner un manto para revestir de lícito, lo que declaradamente atenta contra: "lo que pudiera ser el día más emocionante de su vida, el día de boda". *Lo sagrado y la pureza del vínculo*

---

[3] Michael, ibíd.
[4] Fritz Redenour, *Todo depende... ¿Qué dice la Biblia de la nueva moralidad?* Terrasa: CLIE, 1975, p. 12
[5] Luis Palau, *Sexo y Juventud.* Miami: UNILIT, 1987, p. 11

matrimonial.[6] La mejor *prueba de amor* no estaría dada por la máxima entrega de los cuerpos, sino por la entrega pura y leal de un corazón a la persona amada con quien espera unir su vida. El Señor Jesús ha dispuesto que solo los esposos puedan disfrutar la fase de relación sexual. "En la relación sexual dos personas se convierten realmente en una..."[7] Sólo las parejas unidas en el vínculo familiar pueden ser aprobada para que sean *una sola carne*. Ef. 5: 31.[8]

Esto nos confirma la bendición divina que los mejores goce de la vida se logran cuando una pareja permanece leal a las normas de la conducta bíblica que Dios ha trazado [...] Las delicias de un corazón puro, que superan grandemente al fugaz placer de la intimidad sexual. Desde la perspectiva bíblica, la relación sexual es sinónima de estar casado. Cuando una de las partes de una pareja de enamorados solicita la vivir en parejas antes del matrimonio, su argumento es que así podrían conocerse mejor[9] y asegurar una mejor armonía matrimonial desde allí comienza como resultado, *en lugar de una conciencia recta, tranquila. La tiene cauterizada...*[10]

El argumento anterior, debería producir matrimonios estables, pero el resultado es que las parejas que practicaron este argumento – que estamos describiendo –; son los matrimonios más inestables. Con mayor índice de separación. Esto sin contar, que tal práctica da a lugar a frecuentes casamientos apresurados, parejas amargadas, madres solteras, abortos,

---

[6] Chaij, *Sobre el sexo y el amor. Op., cit*, p. 174
[7] Redenour, *¿Qué dice la Biblia de la nueva moralidad? Op., cit*, p. 143
[8] BIBLIA, 1960, p. 1086
[9] *"La preparación para el matrimonio"* Este es otro viejo argumento, es el de las relaciones sexuales premaritales ayudan a un ajuste en el matrimonio y un mejor acoplamiento. "La teoría es algo así – dice Grant – cuanto más experiencia se tenga, el o ella, mejor compañero resultará en la cama. Pero, no es cierto. La relación matrimonial es muy diferente de la obtenida con el sexo premaritalmente. La relación carnal premarital es algo casual interesado principalmente en la satisfacción del ego. Por una parte, las relaciones sexuales en el matrimonio son una mutua participación de cada uno de los que forman la pareja, con el objeto de su amor. El interés principal entonces, no es el egoísta, sino la satisfacción de la persona amada. Para ser un auténtico experto en el matrimonio es preciso conocer las necesidades e idiosincrasia del compañero(a) y responder a El o ella como persona, tal conocimiento y experiencia no proviene del hecho de tener relaciones sexuales con muchas personas antes del matrimonio. Sino que se produce del amor y el vivir con la persona amada." (Grant, *Amor y Sexo: lo que usted debe saber*. Terrasa: CLIE, 1975, p. 59)
[10] Palau, *Sexo y Juventud. Op., cit*, pp. 11-12

recién nacidos e hijos abandonados; o en el caso de la mujer la penosa sensación de haber sido usada como objeto carnal.[11]

Vivir en pareja desde la tradición de la iglesia cristiana

Desde el origen de la iglesia cristiana ha valorado el compromiso matrimonial entre un hombre y una mujer. Aunque la sociedad de hoy ha querido por muchos medios cambiar esta concepción e introducir nuevos modelos y nuevas formas de vivir la vida entre seres a pleno, sin ser juzgado por pensamientos morales y doctrinales. Esto, también, explica por qué la iglesia cristiana en la historia siempre ha creído que vivir en parejas, como las relaciones sexuales fuera del matrimonio, es una contradicción. Nos preguntamos ¿Por qué?, porque la iglesia desde sus orígenes y en toda la historia cristiana ha defendido los principios y normas de la conducta de sus miembros. Por lo tanto, "consideró que las relaciones sexuales podían y debían ser un signo divino de dos personas que no simplemente se dan placer mutuo sino que entregan todo su ser al otro."[12]

Precisamente, la Iglesia cristiana siempre "consideró a las relaciones sexuales como el signo más importante de lo que es el matrimonio: dos personas dispuestas a dar todo de sí y recibir todo del otro: cuerpo, placer, pensamientos, esperanzas, sueños, temores, fracasos, proyectos, dificultades, cuentas bancarias, malos humores, parientes, etc." Por ende, en la historia de la Iglesia cristiana evangélica, no existe el llamado "sexo prematrimonial". Solo existe el sexo matrimonial, signo de compromiso y el "sexo sin compromiso", que es promiscuidad. "Es por ello que de acuerdo con las enseñanzas de la Iglesia, las parejas que se aman no deberían tener relaciones antes de casarse y/o vivir en pareja antes del matrimonio."[13]

Vivir en pareja desde el valor ético del compromiso

Como cristianos evangélicos vivimos en un campo de tensiones en vivir bajo las normas del Evangelio y la ética, frente a los problemas del ser humano que no podemos ignorar. A veces tratamos evadir los problemas que nos golpean a diario en nuestro quehacer pastoral, como son los que

---

[11] Luis Eduardo Cantero, *Proyecto de Educación básica para el matrimonio y familia*, Tesis de Maestría en Teología pastoral en el Instituto Superior de Teología y Ciencias Bíblicas, Centro de Investigación Bíblicas, Tenerife, Islas Canarias, España, 2009, p. 18 – 19.
[12] Michel, "Vivir en parejas antes del matrimonio", *Op., cit.,*
[13] Michel, Ibíd.

estamos tratando en esta ponencia: viviendo en parejas o relaciones prematrimoniales, divorcios, política y homosexualismo (temas que abordaremos más adelante). Estos problemas generan tensión – dice Israel Batista – a veces sin respuestas, entre una ética práctica dogmática que no se abre al dialogo con otras ciencias, que termina produciendo dogmatismo farisaico que se aferran a esos principios reduccionistas, que en vez de comprender y liberar al cautivo terminan dentro de una corte.[14] Evitar este reduccionismo implica considerar los sentimientos afectivos del ser que se juzga. Por eso, nuestra ética aplicada debe unir la razón con la afectividad, la mente y el corazón. Pero al mismo tiempo, debemos evitar caer en el relativismo de la fe y de los valores, perdemos de vista el sentido de la fe, de juzgar cualquier cultura y realidad contextual.[15]

El problema con nuestra ética pastoral (aislada de otros saberes) se hace único y elaborado según los principios de la Palabra. Al hacerse única no responde o no ayuda a resolver los problemas reales de las personas, pues parecen que viven "un mundo abstracto, ahistórico y no admite excepciones." Pero, los problemas que viven las personas no son abstractos, son reales. La vida está llena de opciones, decisiones, etc., todo eso genera conflictos éticos y pastorales "que requieren de decisiones entre opciones que nos siempre las más deseables":[16] como el divorcio entre parejas (a continuación abordaremos). Por eso, nuestra ética desde el Evangelio debe preocuparse por las personas, sus relaciones y sus problemas. De manera, que nuestra "ética debe colocar primero a la persona y no los principios abstractos, como sujeto del debate moral", que no le queda otro remedio de ser juzgada y en algunos casos excluida de la comunidad. Esta "ética enraizada en la vida de las personas la encontramos en la vida de Jesús descrita en los Evangelios y en el quehacer teológico y ético del Apóstol Pablo"[17] que encontramos en sus epístolas, en especial Corintios.[18]

---

[14] Israel Batista, "Entre los sueños y las pesadillas", *En Gracia y ética. El desafío de la Ética a nuestras eclesiologías,* Orfelia Ortega (Comp), Quito, Ecuador: CLAI, 2007, pp. 154 – 155.

[15] Roy May, *Ética y espiritualidad,* Quito: Ediciones CLAI/UBL, 2006, Citado por Batista, Ibíd., p. 155.

[16] Roy May, "Bioética y gracias", Op., cit., p. 128

[17] Ibíd., A la vez le invito a consultar a José Miguez Bonino, "Fundamentos teológicos de la responsabilidad social de la iglesia," en ISAL, *La responsabilidad social del cristiano,* Montevideo: Iglesia y Sociedad en América Latina, 1964. Y Dietrich Bonhoeffer, *Ética,* Madrid: Trotta, 2000.

[18] Recomiendo leer el libro de la Dra. Irene Foulkes, *Problemas pastorales en Corinto,* San José: DEI – SBL, 1996.

Lo anterior nos invita a considerar un enfoque ético pastoral desde el evangelio sobre las parejas que conviven sin haberse casado, "Juan Pablo II, nos aconseja a considerar cada situación en particular. Es más, debemos acercarnos con tacto y respeto a esas parejas, sin prejuicios a corregirlas con paciencia y mostrarle el sentido valioso del compromiso de la vida familiar de manera tal de abrirles el camino para regularizar su situación. Pero el hecho es que el matrimonio cristiano implica compromiso. Esto significa mantenerse mutuamente unidos y fieles a la relación, no solamente en los momentos fáciles y felices sino también en los momentos difíciles. El compromiso matrimonial significa elegir libremente amar a otro – y con el tiempo a los hijos – de la forma en que Dios elige amarnos: para siempre, sin término ni condiciones."[19] Esto nos lleva a la segunda de esta ponencia las parejas que deciden divorciarse.

---

[19] Michel, op., cit.

3 DIVORCIO ENTRE CRISTIANOS: DESDE UNA REFLEXION ETICA Y BIBLICA. UN APORTE A LA PASTORAL LATINOAMERICANA

El tema del divorcio ha generado muchas dificultades entre los lideres, pastores y creyentes. Algunas iglesias cristianas evangélicas se han negado abordar la problemática, debido a su marco fundamentalistas biblico, que no permite el dialogo con otras ciencias, pues han tratado de mantener su doctrina "pura", libre de cualquier contaminación. Según ellos, la teologia debe estar sometida a la Palabra, cosa que estoy de acuerdo. Pero, la Biblia misma esta construida por varias culturas, pensamientos filosóficos, teológicos, etc. Otras, en cambio, han tratado el tema y han elaborado una serie de estudios sobre el mismo, han reflexionado desde la perspectiva etico juridica en dialogo con las ciencias bíblicas y teológica para asumir una pastoral con los afectados.

El objetivo de esta ponencia no solo es para "aclarar la posición bíblica del divorcio y como ésta ha sido interpretada a través de la historia de la Iglesia. Sino también aportar luz para una posible "posición de la Iglesia hoy frente a la problemática del divorcio". Las premisas que surgen de este tema son: ¿es permitido el divorcio desde el punto de vista bíblico? ¿Se permite a una persona divorciada casarse de nuevo? ¿Un pastor de la iglesia, puede divorciarse y volverse a casar?, estas son preguntas difíciles de responder, porque decir algo sin tener en cuenta a las personas dentro de su contexto y situaciones difíciles, es tratar de valorar las normas éticas cristianas morales. Como decíamos arriba nuestra posición ética y desde el evangelio debe seguir el modelo de Jesús que no se reduce a una serie de normas morales. Nuestra posición ética no debe tener principios ni prejuicios que sino seguir a Jesús. Esta debe ser nuestra dinámica, porque a Jesús, dice Paul Lehmann, ha de seguírsele dentro de realidades históricas y cambiantes. El Apóstol Pablo era consciente de esto. Nuestro Apóstol respondía a las diferentes situaciones que surgían en la comunidad cristiana, trataba el problema no con principios normativos sino con consejos concretos, prácticos basados en su propuesta teológica: Libertad, gracia y comunión." Esto nos lleva a preguntarnos individualmente: ¿Qué debemos hacer como miembros de la iglesia del Señor?[20]

Ahora bien, como líderes, pastores y creyentes, miembros de la iglesia del Señor, que vivimos el problema en nuestras comunidades cristianas chilenas, sentimos la necesidad de abordar el problema y dar respuesta a todas estas preguntas. Dejando de lado, el subjetivismo doctrinario, nuestras propias interpretaciones teologales y bíblicas, nos acercamos al problema desde una ética inclusiva y guiada por el evangelio enseñado por Jesús, que nos llevará a ejercer una Pastoral inclusiva sobre el tema del divorcio. Esto no quiere decir que "no ignoramos las diferentes controversias que genera este tema entre nosotros y las diversas maneras de encararlo."[21] Por lo general, siempre intentamos abordar el problema desde una reflexión bíblica para llegar a una postura acorde a nuestros principios. Es por ello, que quiero partir desde el experto (Pastor, biblista, maestro) en el manejo de los textos bíblicos y el lector común (los creyentes y el público en general) de la Biblia.

Los pastores y los creyentes de la comunidad: La Biblia

Han de Wit, en su reciente libro titulado *Por un solo gesto de amor. Lectura de la Biblia desde una práctica intercultural,* nos comparte un modelo de interpretación intercultural, de una nueva forma de leer la Biblia y de cómo el encuentro entre expertos y lectores comunes de la Palabra de Dios pueden tomar forma de una manera profunda y enriquecedora… Una práctica en la que la confrontación es organizada y en la que la pregunta esta abierta al dialogo entre experto y lectores comunes. Tomar conocimiento de cómo el otro, en su contexto y en su cultura, lee ese mismo texto que yo mismo leo, pienso y reflexiono sobre x problema. Estas lecturas e interpretaciones individualistas, literalista y fundamentalista han ido socavando el verdadero valor del texto. Por ende, la propuesta del libro de Wit es tener una ética interpretativa de los textos bíblicos, esto nos ayudará a cambiar esos "modelos interpretativos unilaterales y fundamentalistas de lectura de la Biblia.[22]

---

[20] Paul Lehmann, *La ética en el contexto cristiano,* Montevideo: Editorial Alfa, 1968, p. 141.
[21] Jorge Bravo – Caballero, El divorcio en la iglesia metodista, 2010.
[22] Han de Wit, "Contraportada", *en Por un solo gesto de amor. Lectura de la Biblia desde una práctica intercultural,* Buenos Aires: Instituto Universitario ISEDET, 2010. Este libro es producto de las conferencias ofrecidas por el autor en la Cátedra Carnahan del Instituto Universitario ISEDET en Buenos Aires, Argentina.

Con respecto a la Biblia, nuestro autor en consideración (De Wit), dice: "La Biblia es un libro que contiene una tradición ético – religiosa, tal como lo desarrolla en las páginas de su libro bajo la mirada del gran teólogo y filósofo Emanuel Levinas, continua, es un libro que también quiere entenderse y llegar a ser operativo en la actual situación de globalización y finalmente quiere expresarse sobre la profunda asimetría que caracteriza nuestro mundo."[23]

Hemos aprendido como estudiosos de este libro valioso hacer uso de ella, aprendimos a usar la exegesis como herramienta para comprender el sentido de los textos bíblicos. Es decir, es llegar a involucrarnos en el pensamiento del autor, lo hacemos desde un rigor ético y sagrado que nos lleva a buscar una respuesta correcta a los problemas existenciales de hoy. Esos problemas existenciales que vivimos hoy son: el divorcio, las convivencias de parejas antes del matrimonio, la política y la ley de matrimonios gays, y otros que no hemos tratado acá por tiempo y espacio. Pero, que con el transcurrir de nuestro quehacer pastoral necesitan ser abordados. Es bueno, recordar que el acumular conocimiento especializado como bíblico y que no aporte nada al dialogo, que no logra una vida transformada para todos entonces es inútil.[24] Por ende, estamos desafiados desde la ética y del evangelio a buscar una respuesta a esos problemas y preguntarnos: ¿Qué puedo aportar a la práctica de los que hacemos uso de la Biblia y en qué manera podemos ser catalizadores en los procesos de transformación social?[25]

Antes de responder a estas preguntas, quisiera que hagamos una relectura histórica de cómo ha sido abordado el problema del divorcio, que nos sirva para "aclarar nuestra posición hoy frente al problema. Comenzaremos definiendo que el divorcio es la ruptura del vínculo afectivo del amor que unía a una pareja. Ahora pasamos a mirar el divorcio según la perspectiva del Antiguo Testamento.

El divorcio según el Antiguo Testamento

Desde la ruptura de la primera pareja con Dios, el ser humano se vio en la necesidad de "ordenar a la sociedad, a los grupos humanos regular las relaciones entre las personas creando leyes que regulan la unión del hombre

---

[23] Ibíd., p. 119.
[24] Ibíd., p. 121.
[25] Ibíd., p. 119.

con la mujer (matrimonio), así como la separación de éstos (divorcio)."[26] Es por esa razón que Moisés crea unas normas legales para reglamentar una práctica que existía desenfrenadamente (Deuteronomio 24:1-4). Una forma para frenar esta práctica era evitar el divorcio. Pero, la repudiada tampoco podía contraer matrimonio. Tampoco, ellas podían divorciarse del varón, pues la ley solo le permitía a los hombres poder divorciarse de las mujeres no importaba si fueran nacionales o extranjeras, como vemos en Esdras 10. Como la mujer no tenía estatus social, se sentía como un objeto, que contradicción tenía más valor un animal que ella. Incluso, se le exigió a los "sacerdotes no casarse con mujeres repudiadas." (Levíticos 21:7,14)

El libro de levíticos en el capítulo 18 contiene normas legales en cuanto a la unión conyugal; y en el libro de Deuteronomio, capítulo 24: 1 – 4, encontramos algunas normas legales que regulan el divorcio. Pero, si observamos los capítulos que le presiden se nota que el pasaje sobre el divorcio se encuentra dentro de una sección normativa que regula y protege al débil y al abusado, ver Deut. 23: 16 – 25: 19. Bravo, dice que la prohibición para volverse a casar, después de haber sido despedida por su marido (divorciada). Pero, el versículo que le sigue le da libertad a la mujer divorciada a volverse a casar. El problema surge cuando la mujer al casarse por segunda vez, su segundo marido la despide o se muere (v. 3); su prohibición surge con el primer marido, si casa con él se vería mal dentro de la sociedad androcéntrica y sexista de la colectividad de varones. Pensar que solo ella generaba impureza o un acto repugnante ante Dios, es considerar que el texto ha sido construido en una estructura excluyente machista. Por eso, considero que el divorcio "era ajena a la cultura hebrea y judía."[27] Dios aborrecía la práctica del divorcio según Malaquías 2: 15 – 16. Aquí el consejo radica en el hombre, pues, les llama la atención a los hombres a cuidar de "la promesa que le hicieron a la esposa de su juventud." Y concluye, no sean infieles; pues yo aborrezco al que se divorcia de su esposa y se mancha cometiendo esa maldad." V. 16: el énfasis esta puesto en el hombre y no en la mujer.

El divorcio según el Nuevo Testamento

La ética del Nuevo Testamento apunta a dos aspectos importantes, sobre el contenido de su pensamiento y el comportamiento de la comunidad cristiana primitiva. Hacer esta relectura de esta ética novotestamentaria "es hacer una reflexión retrospectiva del pensamiento y comportamiento de los

---

[26] Jorge Bravo – Caballero, El divorcio en la iglesia metodista, op., cit.
[27] Goodman, Phillip & Hanna, *Jewish Marriage Anthology*, Jewish Pub. Society: Phil, 1965, p. 294.

cristianos de su época para encontrar elementos que nos sirvan para ayudar a transformar nuestro mundo en crisis de valores."[28] Algunas teologías e iglesias no satisfacen del todo las necesidades de su gente en su contexto, pues lo dejan a merced de la gente o en algunos casos lo espiritualizan demasiado, que los llevan a excluir o condenar a los que se divorcian. Siguen el pensamiento legalista, pero se olvidan de que el pensamiento y el comportamiento en la vida debe ser según el modelo de Jesús.

Nuestro señor Jesucristo era consciente de las desigualdades sociales entre el hombre y la mujer. Pues, Su Padre habría creado a ambos géneros en condiciones igualitarias (Gen. 1: 27 – 29). Su defensa por el género femenino ha sido, en términos latinoamericanos liberadora, porque pone fin, no solo al machismo de su época, sino de todas las épocas de la existencia humana, destruye el poder demoledor del sexo y del eros, del esclavismo, del egoísmo, del deseo de posesión y del sentido de objeto de propiedad de la mujer. Es decir, la mujer vuelve al estado original por lo cual Dios había creado a la mujer.[29]

Por eso, Jesús en una oportunidad fue confrontado ante dos escuelas rabínicas: Hillel y la Sammai. La primera sostenía que el varón podía divorciarse de su mujer por cualquier motivo. Y la segunda, afirmaba que solo habría divorcio por inmoralidad sexual, y permitía al esposo (no la esposa) el divorciarse y casarse de nuevo. Ver Marcos 10: 1 – 12; Mateo 5: 31 – 32; 19: 3 – 9 y Lucas 16: 18. De esta manera, la respuesta de Jesús es aclarar la intención original del matrimonio, una relación indisoluble, Dios los había creado para ser una unidad en si misma, el uno para el otro, en el vínculo del amor, no son dos si no uno según Marcos 10: 6 – 9. De ahí, que el divorcio no tiene lugar, ya que éste es una herramienta jurídica favorable al varón y no a la mujer, pues no tenían estatus social, lo único que les permitía ser respetada por la sociedad varonil era el matrimonio. Es por ello, que Jesús ve que la prohibición del divorcio viene a ser un instrumento de protección jurídico para la mujer y la familia, y asume su radicalismo en la defensa no solo de la mujer sino de la familia.[30]

Esta línea de pensamiento es seguida por el apóstol Pablo y los primero cristianos, aunque a veces pareciera que se contradice en su apreciación al

---

[28] Bravo – Caballero, *Op., cit.,*
[29] Jorge Bravo, "El rol de la ética en el Nuevo Testamento", *en Apuntes teológicos,* [Consultado: 28 – 03 – 11]: http://www.angelfire.com/pe/jorgebravo/etica.htm
[30] Había un fuerte grupo de judíos que rechazaban todo tipo de divorcio y nuevos matrimonios

rol de la mujer, que encontramos en la Cartas a los Corintios, en especial 1 Cor. 7: 10 – 17, hay una serie de prohibiciones con respecto al matrimonio, que nos interesa en esta ponencia, que resumo así:

- Mujer no se separe del marido y si se separa quédese sin casar
- Maridos no abandonar a la mujer
- Mujer no abandonar a esposo inconverso
- Esposo no abandonar a esposa inconversa
- Licencia a separarse si el conyugue desea separarse

Sin embargo, Pablo sigue el pensamiento de su maestro Jesús, quiere proteger a la mujer y a la familia, su postulado fundamental es que en Cristo las fronteras desaparecen, las etnias, las culturas, las ideologías, por eso afirma: que en Cristo ya no hay judío ni griego; no hay esclavo ni libre; **no hay varón ni mujer**; porque todos somos de Cristo Jesús (Gal.3:28). Este aspecto debemos tener en cuenta cuando hacemos exegesis e interpretamos los textos, de la misma forma en su aplicación hoy.

El divorcio en la historia de la iglesia

La iglesia en los primeros siglos se nota un fuerte énfasis antidivorcista. Había una pluralidad de criterios interpretativos sobre posibles excepciones. Por lo general, el divorcio era rechazado por Atenágoras, quien consideraba un segundo matrimonio como un adulterio decente, según su interpretación de Mt 19: 9, "no permitiendo abandonar a aquella cuya virginidad uno deshizo, ni casarse de nuevo. El que se separa de su primer mujer, aunque hubiera muerto, es un adultero encubierto, pues traspasa la indicación de Dios, ya que en el principio creó Dios un solo hombre y una sola mujer."[31] Hermas y Clemente de Alejandría.

Otro grupo permitía el divorcio en caso de inmoralidad sexual. San Jerónimo, afirma: "Mandó el Señor que no se repudie a la mujer, excepto por razón de fornicación, y de haber sido repudiada, ha de permanecer innupta, ahora bien, lo que se manda a los varones, lógicamente también se aplica a las mujeres. Por lo que no sería lógico repudiar a la mujer y tener que soportar al marido. 'El que se une con una ramera, se hace un solo cuerpo con ella (1 Cor. 6: 16) luego por el mismo caso, la que se une con un disoluto, se hace con él un solo cuerpo… entre nosotros lo que no es licito a la mujer, tampoco es licito al varón. Podría más fácilmente ser aceptado

---

[31] José Vives, *Los padres de la iglesia, Textos doctrinales del cristianismo. Desde los orígenes hasta San Atanasio,* Barcelona: Herder, 1982, p. 91.

contraer una especie de sombra del matrimonio, que vivir como ramera bajo la gloria de ser mujer de un solo marido."[32]

Por lo anterior, nos da la sensación que para Jerónimo la idea de ser un adultero es tan terrible, que prefiere en última instancia que esa persona se case por segunda vez. El ve en el divorcio y el segundo matrimonio, no una solución sino un mal menor, entre dos males, que bajo toda circunstancia no tendría aprobación divina de ninguna manera. La posición de Agustín con respecto al divorcio, se debía a su vida turbulenta del pasado, pues sostenía que "Dios bendijo el matrimonio, si la esencia de éste consiste solo en la unión sexual del hombre y la mujer, idéntica es la esencia en los adúlteros y en los casados, pues en los dos existe unión sexual; y si esto es absurdo, la esencia del matrimonio no consiste solo en la unión sexual... Pero hay otra cosa que pertenecen formalmente a las nupcias, y por ello, el adulterio se distingue del matrimonio, como son la fidelidad conyugal, el cuidado procreador ordenado, y lo que constituye una radical diferencia, es un buen uso del mal, es decir, el buen uso de las concupiscencia de la carne, pues de este mal los adúlteros hacen mal uso."[33] Podemos decir, que el divorcio por lo general estaba asociado con el adulterio, este se constituía como la única causa del divorcio.

En la iglesia de la edad media, la posición está dividida, por un lado la iglesia católica de Roma era muy rigurosa y por otro lado, la iglesia griega (Constantinopla) dentro de sus normas había excepciones y concesiones para permitir el divorcio en algunos casos. Con respecto al divorcio Santo Tomas sigue los lineamientos de Jerónimo y Agustín a que el uso del sexo debe ser restringido al matrimonio, cuando el propósito que lo impulsa es el de la procreación y da entender que una relación sexual que busque otro fin se convierte en una relación pecaminosa que no ayuda a cultivar la vida espiritual cristiana. Con respecto al divorcio, dice: "en cualquiera de los casos, dígase fornicación o adulterio, queda en manos de los cónyuges el tomar una determinación respecto a su separación, de uno u otro modo la posibilidad de contraer matrimonio por segunda vez queda prohibida, ya que el consorte que se casa de nuevo incurre en pecado de adulterio, mientras su cónyuge viva." Otra causa que está de acuerdo Tomas es el no pagar el débito conyugal es causa de separación, pero impide que se vuelvan

---

[32] San Jerónimo, *Cartas de San Jerónimo I*, Madrid: Biblioteca de Autores Cristianos, 1962, p. 169.
[33] Miguel Laneros y otros, *Obras completas de San Agustín*, Madrid: Ed. Católicas, 1977, pp. 88 – 94.

a casar por la razón antes dicha.[34] En Europa occidental el antidivorcismo iba en aumento.[35]

El divorcio en la iglesia de la reforma

Los reformadores por lo general estaban de acuerdo con el divorcio, solo en caso de inmoralidades sexuales y por abandono injustificado del hogar. Por ejemplo Martin Lutero afirmaba que el divorcio debía ser aplicado en caso de adulterio, y sugería a las autoridades civiles castigar con pena de muerte al adultero, 'por eso mandó Dios en la ley que los adúlteros fuesen apedreados'. Otra forma de divorcio es cuando uno de los cónyuges se niega al otro, es decir no hay relación sexual entre ellos, lo esquiva y no permanece a su lado.[36]

La reforma de Lutero permitió romper el velo de la indisolubilidad del matrimonio, porque:

> "Esto significó la reaparición de la institución en las naciones que abrazaron el protestantismo, las cuales fueron incorporándola a sus legislaciones. Las teorías acerca de la naturaleza contractual del matrimonio, propugnadas por los filósofos racionalistas del XVIII, se fueron abriendo paso paulatinamente e impregnaron la legislación positiva de países tradicionalmente católicos. Así, el parlamento de Prusia (Landsrecht) lo admitió ampliamente en 1794, dos años después de que en Francia se promulgase la ley de 20 de noviembre, que constituye el principal antecedente de los sistemas modernos. En su texto se fundamenta la admisión del divorcio en la necesidad de proteger el derecho a la libertad individual de los cónyuges, que debe existir tanto para establecer el vínculo como para romperlo. Esta regulación pasó más tarde al Código de Napoleón, que influyó decisivamente en el resto de los ordenamientos europeos. Tan sólo se mantuvo vigente la indisolubilidad del matrimonio en países cuyas normas estaban basadas en la doctrina de la Iglesia Católica...."[37]

---

[34] Tomas de Aquino, "Tratado sobre el orden y el matrimonio, *en Suma Teológica de Tomas de Aquino,* T. XV, Madrid: Biblioteca de Autores Cristianos, 1995, p. 16.

[35] José Luis Ocasio, "Una perspectiva bíblica del divorcio", *en Ponencia* en la Iglesia de Dios Pentecostal Movimiento Internacional, Colombia, MD. S. F.

[36] Ricardo García Villoslada, *Martin Lutero I, El fraile hambriento de Dios*, Madrid: Biblioteca de Autores Cristianos, 1976, p. 56.

[37] "Divorcios, causas", *en Monografías,* Editorial Estudios [Consultado 15 – 03 – 2011]: http://www.todoiure.com.ar/monografias/mono/civil/Divorcio.htm

El divorcio en la iglesia de hoy

Hoy "el divorcio está plenamente admitido e incorporado en la legislación de la mayor parte de los países protestantes"[38] y católicos, ésta solo lo admite en caso de adulterio, se recurre a la anulación. Al respecto, Waldo Beach, dice:

> "Con respecto al bien y el mal, los aciertos y errores de un divorcio, hay que mirar, por debajo de la maraña de sutilezas legales, las cuestiones éticas que subyacen a la ley. La posición tradicional de la Iglesia Católica Romana como de la derecha religiosa, es que el divorcio es moralmente malo. Porque, para la Iglesia romana el matrimonio es un sacramento, celebrado por la iglesia, y por ende es indisoluble. Por lo tanto, las personas divorciadas que quieren seguir estrictamente los dictámenes de la fe católica no pueden lograr un segundo matrimonio bendecido por un sacerdote. Por supuesto, un matrimonio católico puede ser anulado de forma automática por el tribunal de la Sagrada Romana, con procedimientos largos y complicados, si hay pruebas suficientes de que las condiciones esenciales del matrimonio no eran válidas en el momento de la celebración queda anulado.[39]

En cambio, la iglesia evangélica latinoamericana, quien ha sido la defensora del matrimonio y la familia, vive este problema y ha surgido desde adentro de los muros inquebrantables. Pastores, líderes y demás han vivido esta experiencia, otros han conocido al Señor en convivencias de parejas. Han tenido que reflexionar sobre sus accionar hacia estos casos, cosa que ha dividido al pueblo evangélico en grupos que solo aceptan el divorcio por cuestiones inmorales: adulterio, adicción a pornografías, entre otros (iglesias conservadoras, fundamentalistas y renovadas). "Muchos protestantes conservadores, asegura Beach, se oponen al divorcio sobre la base de la prohibición bíblica atribuida a Jesús (Marcos 10: 11 – 12), que establece que aquel que se divorcia de su propio cónyuge comete adulterio. [En otros pasajes de los Evangelios encontramos una excepción: el adulterio]."[40] Otra posición más abierta acepta el divorcio por cualquier causa inmorales o por deseo de los contrayentes. Dentro de estos grupos hay una gran diversidad de opiniones en cuanto a los divorciados, algunos consideran que el divorcio debe ser tratado como cualquier otro pecado. Incluso toman

---

[38] Ibíd.

[39] Waldo Beach, *L'etica cristiana nella tradizione protestante,* Per la Traduzione di María Sbaffi, Torino: Claudia, 1993, p. 91

[40] Ibíd., p. 92.

al pie de la letra 1 Timoteo 3: 2, 12 y Tito 1: 6. Y se preguntan ¿deben ejercer ministerios las personas divorciadas? ¿Pueden contraer nuevas nupcias? Alan Walker, respondería a estas preguntas diciendo:

> "...Jesús repudiaba las respuestas legalistas a todas las preguntas. Y así lo hizo con el divorcio. Elevó toda la cuestión al nivel de los grandes principios morales, espirituales y humanos...A la luz de su comprensión, firmeza y simpatía, ¿cómo aparecen las actitudes de la Iglesia moderna? No encuentro apoyo para la 'línea dura' adoptada hacia el divorcio y el nuevo matrimonio por algunas de las grandes iglesias del mundo..."[41]

Hoy los problemas sociales que vive nuestra sociedad como la globalización, el desempleo, la inseguridad, la pobreza, la exclusión, etc., afectan de una manera sorprendente las relaciones humanas, en especial la familia. La iglesia cristiana como esposa de Cristo "se encuentra frente a disyuntivas criticas: la atadura de la ley (social o religiosa), o la libertad de Dios en la expresión del amor y de la reconciliación." Continúa diciendo Bravo: La situación del pecado social e individual en que vive el ser humano nos debe llevar a preguntarnos como miembros del cuerpo de Cristo: ¿es cristiano negar la realidad del divorcio en nuestra sociedad y en la iglesia, imperfectas aún? ¿Es cristiano demandar que las personas vivan en relaciones quebradas y adulteradas por un "amor" diluido, manteniendo una relación de apariencia y negando el "vivir en paz como nos llama el Señor"?"[42] Antes de responder, deberíamos considerar las palabras de Severino Croatto & Pietrantonio:

> "Una ley de divorcio de por sí no genera permisividad; todo lo contrario, puede profundizar los lazos del amor cuando es real. Mantener la indisolubilidad por ley es una coacción externa, creadora de hipocresía. El amor está en la pareja y no necesita una presión de afuera para sostenerse. La ley regula otros aspectos del matrimonio que resultan socialmente de aquella opción de formar pareja. Con una ley de divorcio habría más coherencia entre el amor real y su expresión legal. Incluso, la posibilidad de la disolución del vínculo –que se supone no es por cualquier motivo- debe suscitar en la pareja una profundización y no una banalización de sus relaciones

---

[41] Alan Walker, "Jesús y una divorciada" *en Jesús y los conflictos humanos*, Ed. La Aurora, Buenos Aires, 1969, pp. 17 – 26.
[42] Bravo, *op., cit.*

de amor."[43]

Estoy de acuerdo con Bravo, cuando considera que "el adulterio no resulta como consecuencia del divorcio. También, puede haber adulterio en una relación conyugal, cuando la relación de pareja está rota – ya hay pecado. 'Puede haber algunos muy puros sexualmente, y que ya no aman, y entonces la unión está rota'[44] por lo tanto, están en pecado de adulterio, aunque vivan juntos como marido y mujer, cumpliendo con la ley."[45] No queremos hacer del divorcio un motivo de regocijo, pues es algo serio que conlleva una serie de problemas... Si usted sufre, todo el cuerpo de la iglesia sufre, como lo afirma Pablo en 1ª Cor. 12: 26ª).

Toda relación que emprendemos con alguien, siempre nos une el amor, cuando el amor se muere todo se acaba, no hay vuelta atrás. Por eso, tanto la iglesia como la pastoral necesitan tener en cuenta esto, más que seguir farisaicamente una ley por muy bíblica, debemos saber que solo el amor va a permanecer unido esa relación. Dios es amor, lo que él unió en amor de identificación mutua, ningún género humano lo separe. Luego entonces, podemos sostener que lo que Dios no une en amor, al romperse éste vínculo que es la metáfora de la identificación, que lo separe la persona. De esta manera, no existe ningún indicio bíblico que el matrimonio fuese establecido como una institución divina o sacramento religioso. De esto estaba seguro Juan Calvino, fue el primer teólogo reformado, que afirmo que: "Si bien todos admiten que ha sido instituido por Dios, a ninguno se le ocurrió que fuera sacramento, hasta el tiempo del papa Gregorio VII. La ordenación de Dios es buena y santa, pero también los son los oficios de labradores, albañiles, zapateros y barberos, los cuales, sin embargo, no son sacramento, porque no solamente se requiere para que haya sacramento que sea obra de Dios, sino que además es necesario que exista una ceremonia externa, ordenada por Dios, para confirmación de alguna promesa, ahora bien, que nada semejante existe en el matrimonio."[46]

El termino sacramento significa recordar lo sagrado. Todos sabemos que lo único sagrado es Dios; por lo tanto podemos afirmar que el matrimonio

---

[43] J. Severino Croatto, Ricardo Pietrantonio, "Matrimonio, Familia y Divorcio", en *Revista Cuaderno de Teología*, ISEDET Vol. III, N° 4 (1986), p. 308.
[44] Ernesto Cardenal, "Jesús habla del matrimonio", en *El Evangelio en Solentiname*, Ed. Sígueme, Madrid, 1977, p. 93. Citado por José Bravo – Caballero, *op., cit*.
[45] Ibíd.,
[46] Juan Calvino, *Institución de la Religión Cristiana*, Tomo II, Países bajos: Fundación Editorial de literatura reformada, 2006, p. 1165 y siguiente.

como acto de celebración entre una mujer y un hombre, nos recuerda la presencia del amor entre los cónyuges, que Dios ha formado en su creación, identificado en ese amor: "eres huesos de mis huesos y carne de mi carne." En este sentido, el matrimonio ha sido instituido por Dios mismo, según Calvino, para beneficio del género humano y mejor organización de la sociedad, la estabilidad matrimonial y familiar para la edificación mutua en la iglesia.[47]

Después haber reflexionado sobre el tema, desde una perspectiva histórica, teniendo en cuenta la posición teológica de cada época en particular, llegamos a la conclusión que el divorcio es un problema antiguo, ha estado en toda la historia del pensamiento humano. Moisés tuvo que legislar sobre este problema. Más tarde, Jesús tuvo que enfrentarlo como una cuestión moral. Infortunadamente, dice Alan Walker, el Nuevo Testamento parece poner en boca de Jesús dos respuestas diferentes. Una la encontramos en Marcos 10: 1 – 12 y la otra en Mateo 19: 1 – 12; basar la actitud de Cristo hacia el divorcio en Marcos o en Mateos me parece un error. Jesús solo repudiaba las respuestas legalistas a todas las preguntas. Así lo hizo con el divorcio. Elevó toda cuestión al nivel de los grandes principios morales, espirituales y humanos. En todos los dichos de Jesús sobre el divorcio, reconoce el divorcio de Moisés con grandes limitaciones y el pecado humano hace que el divorcio sea casi inevitable. Por ende, el divorcio no es un impedimento para que la persona divorciada reciba el perdón y recibir la salvación de la vida eterna que Cristo le ofrece.

A la luz de la práctica de Jesús de su comprensión, firmeza y simpatía, analicemos nuestras prácticas pastorales y eclesiales con respecto de cómo hemos abordado este problema mayúsculo, ¿cómo aparecen las actitudes de la iglesia moderna?, se pregunta Walker, y responde: "no encuentro apoyo para la 'dura' adoptada hacia el divorcio y el nuevo matrimonio por algunas de las grandes iglesias del mundo.[48] Creo que de alguna manera, Jesús sin debilitar el valor divino del matrimonio, ofrecía los ministerios de su gracia en el servicio del matrimonio y comunión a aquellos que 'por la dureza de sus corazones' hubieran fallado y pecado. Por manchado y sucios que estemos, él nos ama, vino a esta tierra a morir por ellos y ha rehacer sus vidas para que le sigan sirviendo, ellos son los marginados y excluidos de los sistemas legalistas que pululan en las iglesias que condenan y hacen sentir mal a cualquier divorciado. A estas iglesias se les olvida que el amor de Jesús es más transcendente que la ley, su amor pudo más que la ley. Hacer este aporte desde la ética teológica y del Evangelio al quehacer teológico y a la

---

[47] Calvino, *Op., cit.,* p. 1167.
[48] Walker, *Op., cit.,* pp. 17 – 26.

pastoral de nuestras iglesias evangélicas latinoamericanas es importante para ir derribando paredes y cielos de bronces. Pero creo, "que tal vez la respuesta más útil de nuestras comunidades eclesiales es la práctica de la medicina preventiva. Es decir, no la prohibición del divorcio, sino una guerra ofensiva contra las fuerzas centrífugas de la sociedad, destructiva para la unidad familiar monógama, a través de programas y terapias que fortalezcan los lazos familiares de amor a la familia, de manera que cada vez menos personas lleguen a divorciarse."[49]

---

[49] Beach, *Op., cit.,* p. 93.

4 LOS EVANGELICOS Y LA POLITICA EN AMERICA LATINA. APORTE PARA UNA PARA UNA POLITICA RESPONSABLE

Antes de los noventas del siglo XX hablar de la participación política en la gran mayoría de las iglesias evangélicas latinoamericanas era algo profano, malo. Ningún feligrés podía participar en algún partido de su preferencia, habían sido adoctrinados a vivir y pensar que su ciudadanía está en los cielos y no en la tierra, porque el mundo era un lugar caído, maligno, nada bueno había que hacer en este mundo. A eso se debe su radical rechazo del mundo, pues el mundo es un lugar maldito, una sociedad corrupta, que nos puede contaminar, por eso amar este mundo es considerarse enemigo de Dios. Estos evangélicos que piensan así tienden a negarse a la participación política. Su rechazo constituye, dice Hilario Wynarczyk, una forma radical de la cosmovisión ascética o dualismo ontológico, que concibe al cosmo como un sistema binario, en el cual existe una brecha entre el plan de Dios y el plan del Satanás.[50]

Y agrega Alexander Sifuentes Rossel (...) "A quienes querían militar en un partido político se les acusaba de amar las cosas de este mundo, y se les recordaba que como ciudadanos del reino de los cielos no debían participar del reino de las tinieblas. Si bien, las referencias eran bíblicas, y la actitud era noble; también era una interpretación extrema que desalentaba al creyente a participar activamente en la solución de los problemas del país."[51]

Este ha sido el caballito de batalla en el pensamiento cristiano del siglo pasado, continúa en algunos grupos y otros no. Hoy la tendencia a participar va en aumento, algunos lo hacen con el objetivo de purificar la política de la corrupción, lograr algunos beneficios de poder prometido por algún político, como sucedió en Perú, con Fujimori, al final terminaron

---

[50] Hilario Wynarczyk, *Sal y luz a las naciones. Evangélico y política en la argentina 1980 - 2001*, Buenos Aires: SIGLO XXI, Editora Iberoamericana, 2010, p. 16.
[51] Alexander Sifuentes Rossel "Los evangelicos y la política", *en Voces del cristianismo,* [Consultado: 25 – 03 – 11]:
http://vocesdelcristianismo.blogspot.com/2010/04/los-evangelicos-y-la-politica.html

indignado. Ante la viveza de los líderes políticos frente a la ingenuidad de la gran mayoría de pastores, líderes y laicos, ¿Qué debemos hacer? ¿Está mal que los evangélicos participen en la política? ¿Está mal que los evangélicos se interesen por mejorar los problemas sociales? Estas son preguntas que responderemos en esta ponencia.

1. "CIUDADANOS DE DOS MUNDOS" [52]

Para poder responder a las preguntas planteadas en la introducción del tema, vale la pena tener en claro que es el mundo, como comprender mi existencia cristiana en un mundo totalmente caído, donde convivo con otros que se encuentra en la misma circunstancia de existencia. Para ello, me basaré en el pensamiento teológico de Dietrich Bonhoeffer: ¿Qué es el mundo para Bonhoeffer? La respuesta la encontramos en su sermón basado en la Primera carta de Juan 2: 17, predicado el 26 de agosto de 1928, allí él expone estos conceptos claves para comprender su postura con respecto a los conceptos de Paz y Guerra.[53] El mundo, a pesar de un lugar maldito, producto de la caída de Adán y Eva, es un lugar donde todos y todas los\ las creyentes debemos llevar a cabo el plan de Dios. Pero, Bonhoeffer ve que los creyentes de su época eran pesimista con respecto al mundo, pues no esperaban nada bueno de él (…); en cambio, eran optimista con respecto al mundo celestial: donde habrá paz, no habrá más sufrimiento, etc., pues saben que este mundo terrenal es pasajero, lo más importante está en el más allá "la eternidad", donde el orín ni la polilla corrompe (…). Esta es una de las razones que considero que son ciudadanos de dos mundos, un mundo terrenal que nada ofrece al creyente, este mundo, según los creyentes, es un lugar maldito, mientras que el mundo celestial es un lugar bendito, donde hay paz y bienestar.

En ese sermón Bonhoeffer desarrolla su visión del mundo, reflexiona y dice lo que acontece en el mundo en el cual se encuentran los cristianos, sin

---

[52] La reciente publicación del libro de sociólogo Dr. Hilario Wynarzcyk que nos comparte el proceso de del movimiento evangélico en la Argentina y se refiere a los evangélicos con la metáfora "ciudadanos de dos mundos. El movimiento evangélico en la vida publica argentina 1980 – 2001, Bs As: UNSAM EDITA, 2009.", en la que se inspiró el título de mi artículo "La violencia y la paz en Dietrich Bonhoeffer. Me ha movido a una reflexión desde la perspectiva ética y teológica. El rol del cristiano en la sociedad. Esta es una parte del mencionado artículo.

[53] Estos temas son abordados a profundidad en mi artículo titulado La paz y la violencia en Bonhoeffer.

querer, ellos participan, viven en él, participan de su carácter penúltimo al límite que le impone la muerte. El creyente "puede tomarse la vida en serio o no", todo depende de su opción, opciones que implica el deseo de permanecer "ligado a lo penúltimo: los placeres y los deleites que el mundo terrenal cautiva, o si decide encarar lo último: la seriedad del mundo, que es la muerte"[54], observe lo que dice Bonhoeffer:

> "El mundo es un mundo del morir y de la muerte. Todo lo que acontece en él sólo es algo penúltimo con vista a lo último que es la muerte. Por eso, la última palabra sobre el mundo no es: vida, alegría y regocijo, sino transitoriedad y muerte. Pero, este destino no fue ideado por Dios, sino que es consecuencia de un 'mal primordial' de una rebeldía diabólica en contra del Dios creador." [55]

En ese espacio y tiempo de la transitoriedad aparece la figura de Cristo como señal de eternidad. Dios ofrece a su hijo, que logra destronar ese mal primordial y le relega a la muerte a un segundo plano (penúltimo). Trasladando al binomio 'muerte – eternidad'. Bonhoeffer ve al ser humano en el mundo enfrentando a una opción: ciudadanos de dos mundos: terrenal o celestial, según si decide cumplir o no con la voluntad de Dios en el mundo. Concluye diciendo: "los cristianos son pesimista con respecto al mundo terrenal, pues no se esfuerzan por mejorarlo o hacer que el Reino de Dios se establezca en la tierra, creen que lo mejor está por venir, por ello viven la vida alejada de la realidad, refugiándose en los credos y doctrinas de su comunidad religiosa. Se olvidan que el campo para vivir los preceptos de Dios está en el mundo terrenal. Aquí es donde se vive los valores del Reino, aquí es donde debe poner en práctica todo lo que la Biblia le enseña, de poner manos a la obra, aquí es donde debe cumplir la voluntad de Dios, por eso, el creyente no debe vivir siendo pesimista resignado a una circularidad: casa – trabajo – trabajo – iglesia y viceversa, que solo espera todo de Dios (…).

Sino un optimista que vive el día a día como si fuera el último, tratando de implantar los valores del Reino en la tierra, que hace su trabajo y deja que Dios haga el suyo. Esta actitud no solo debe llevar al cristiano a romper con la actitud anterior mencionada (pesimista) sin compromiso a una vida comprometida aquí y en el ahora, porque tomar en serio el Reino de Dios, como un reino perteneciente a este mundo terrenal, tal como lo practicaba

---

[54] Alejandro Zorzin, "La Violencia y la Paz en las teologías de Thomas Müntzer y Dietrich Bonhoeffer", en Cuaderno de Teología, Buenos Aires, ISEDET, Vol. III, •# 4 (1986), pp. 287 – 288.
[55] Ibíd., p. 288.

el evangelio social, es una postura bíblica y necesaria para enfrentar concepciones extramundanas del Reino. Bonhoeffer ve un peligro en la polarización entre los creyentes que huyen del mundo terrenal y se sumergen en sus credos y religiosidad (la iglesia). Otros, en cambio, se identifican y se involucran en proyectos seculares que ofrecen posibles soluciones para los problemas existenciales: violencia, paz, hambre e injusticia social, etc.

Al igual que en su época, la iglesia cristiana de hoy ora pidiendo el obrar de Dios para que solucione ciertos problemas existentes como los mencionados en el párrafo anterior, oran pidiendo muchas cosas, pero no solo debe ser pesimista resignado en esperar que Dios todo lo solucione. "El creyente no tiene escapatoria posible, tiene que optar por involucrarse en el mundo terrenal." El resiste los desastres y circunstancias de la vida con expectativas mística en Dios; porque él vendrá tarde o temprano destronará y superará al usurpador de este mundo: Satanás. Por eso, quienes oran pidiendo el advenimiento sin considerar la polaridad de Iglesia y Estado, caen en una de las dos formas de escapismo: una religiosidad alienada o un secularismo fanático, en ambos casos falta la fe en el Reino de Dios.[56]

Bonhoeffer considera que tanto la Iglesia como el Estado cumplen una función aquí en la tierra para la cual fueron llamados por Dios. Estas instituciones son funcionales no esenciales. Por ello, el creyente en Cristo dispone de reglas que condiciona la identificación de cada aspecto con su manifestación histórica: el cumplimiento de la voluntad de Dios. Concluye diciendo: "Dios desea que lo honremos aquí en la tierra, no hay otro lugar. Dios hundió su Reino en el campo maldito. Abramos los ojos, seamos sensatos, obedezcámosle aquí." Al final de su sermón cierra desafiando a los creyentes de su tiempo, que tiene relevancia para hoy. Dios solo nos hablará en estos términos: Tuve hambre y me diste de comer, tuve sed y me diste de beber. Lo que hicieron a uno de estos mis hermanos más pequeño, a mi me lo hicieron (Mt 25: 34 – 40). Esta acción donde se llevará a cabo en la iglesia o en lo secular, es en todo; muchos padecen necesidades, por culpa de las políticas neoliberales, el creyente no puede vivir indolente con el prójimo, ni tampoco alejado de la realidad, de sus hermanos y de aquellos que están en potencia de llegar a ser un creyente en Cristo. Estas palabras de Bonhoeffer nos debe llevar a recuperar el kerigma ontológico más que axiológico que la historia cristiana y el pensamiento teológico se dejó seducir por la filosofía idealista, que ha hecho de Jesús un símbolo, por

---

[56] Sigo la traducción del texto en línea del Dr. Alejandro Zorzín, Dietrich Bonhoeffer, Gesammelte Schriften, Munich, 1958 – 1974, p., 279.

ejemplo del amor de Dios y se diluye así el acontecimiento único e irrepetible de su existencia, este marco interpretativo nos impide vivir la vida a plenitud en este mundo, libre de conjeturas ortodoxas y anacrónicas que nos invalida nuestro obrar por los otros, vivimos en el siglo XXI pero con una filosofía medieval que nos hace crear barreras entre teólogos, teólogas conservadores, progresistas y liberacionistas. Estas corrientes crean sus propias islas con sus propias vías de comunicación y de relación. Solo pasan aquellos que se identifican con sus códigos y normas.

Bonhoeffer sostiene que Dios se revela en la Palestina de Jesús entre los años 1 y 30 de nuestra era. Los historiadores como los teólogos han incorporado a nuestro sistema de creencias y de valores. Sin darnos cuenta nos han impuesto límites, nos han adoctrinado tanto que hemos olvidado de interpretar los hechos ontológicamente.[57] Nos hemos dejado seducir por lo axiológico que nos hace vivir en negación hacia las cosas de este mundo terrenal, esperando la irrupción de la Segunda venida de Cristo. Actitud valiosa y buena para considerar, pero se nos olvida interpretar los hechos y las acciones desde el ser –ahí, en nuestro caso el ser latinoamericano, en sus problemas y luchas, que incurre en las tomas de decisiones, a igual que en los tiempos de Jesús es la toma de opción a favor o en contra de Dios, y solo es posible como opción, unos por servir al Reino y otros a seguir alienados a los placeres del mundo terrenal, en cambio, Jesús mostró la opción de hacer ese Reino posible entre nosotros, por eso afirmaba "El Reino de Dios se ha acercado". Dios creará un nuevo cielo y una nueva tierra. Pero, en esa nueva tierra estará presente su Reino que es una promesa. Dios espera de nosotros los creyentes hacer posible su Reino entre nosotros y nuestro prójimo, Dios no quiere seres místicos alejados de este mundo, sino que nos guarda de él. Pero somos ciudadanos de dos mundos, estamos llamados a leudar la masa con nuestras acciones ontoteológicas y axiológicas, donde todos y todas podamos vivir en igualdad de condiciones, en paz y sin violencia.

Esta es la idea que se ha mantenido históricamente en el pensamiento cristiano, no amar al mundo sino a Dios, porque amar el mundo era constituirse enemigo de Dios. Como veremos más adelante, algunos se negaron a incursionar en el campo político, otros ingresaron impulsado por las iniciativas de los propios candidatos que buscaban un fuerte apoyo del voto evangélico y finalmente, otro grupo motivado por un interés mesiánico de purificar la política del maligno y convertirla en un medio para continuar la misión salvadora de las iglesias con el objetivo de ser "sal y luz en el mundo". Wynarczyk afirma que para lograr ese objetivo "se

---

[57] Zorzin, óp. cit., pp. 290 – 291.

construyeron un discurso encuadrado en la retórica que aprendieron en sus iglesias y sustentaron un enfoque reconstruccionista de la sociedad sobre la base de la Biblia, en especial del Antiguo Testamento. Al mismo tiempo, desprovisto de una legitimidad de tipo religioso, buscaron justificar sus acciones, con argumentos tomados de su caja de herramientas de la teología de sus iglesias, centrada en la visión del Reino de Dios. De esta manera, suponían la existencia de una misión paralela de los pastores y líderes ejercida en el campo de la política."[58]

2. DE LA NEGACION A LA PARTICIPACION ABIERTA

Desde los años noventa del siglo XX los evangélicos pasaron de la negación a la participación política en nuestros países latinoamericanos. Este deseo de incursionar en la política se ha debido a la iniciativa de los mismos partidos políticos que ven un campo vasto para sumar votos, entonces ofrecen candidaturas a líderes o pastores; pues buscan el apoyo de los evangélicos para lograr un escaño. Otra surge desde adentro del cuerpo de líderes de la iglesia que ven una oportunidad para lograr ciertos beneficios de poder de su grupo en la sociedad. Para la década de los 80 los evangélicos consideran que deben incursionar en la política, pero con estructura propia que los libere de los vicios seculares de la política tradicional y mientras puedan inspirar su acción con principios de la Reforma protestante europea. El partido político ORA en Venezuela inspira a modelos en otros lugares, como en Argentina surge el Movimiento Cívico en Acción Argentina en 1982 y que un año más tarde termina fusionándose con el Partido Demócrata progresista y en 1991 se constituye el Movimiento Cristiano Independiente. Acentúa, Carlos Ramos[59]. En ese mismo año el Dr. René Padilla[60] publica un libro compilado donde daba a conocer este hecho histórico y mostraban como ejemplo a Brasil, Chile, El Salvador, México, Nicaragua, Perú y Venezuela, a pesar que en Colombia desde antes ya se habían dado algunos pasos en lo político el libro no muestra ninguna reflexión. El teólogo e historiador Pablo Moreno nos confirma del devenir en lo político del pueblo evangélico colombiano:

> "No es necesario en esta oportunidad hacer memoria de la presencia evangélica en lo social y lo político durante el siglo XIX, por medio de sus

---

[58] Hilario Wynarczyk, *Sal y luz a las naciones.* Op., cit., p. 135.
[59] Carlos Ramos Ampudia, "Los evangélicos y la política", *en Revista Signos de Vida*, # 41, septiembre (2006), CLAI, pp. 37 – 38.
[60] René Padilla (Compilador), *De la marginación al compromiso. Los evangélicos y la política en América Latina,* Buenos Aires: Fraternidad Teológica Latinoamericana, 1999.

escuelas y colegios, la cooperación con los liberales y hasta con los masones. No voy a insistir en la importancia de la lucha librada durante la primera mitad del siglo XX por los derechos civiles, los matrimonios civiles, la difusión de escuelas, la fundación de cementerios civiles y la participación política con sectores liberales disidentes. Tampoco vamos a entrar en detalle sobre los esfuerzos por organizarse políticamente después de los años 60s, apoyando diferentes expresiones políticas, partidistas y no partidistas, o desarrollando un impacto social a través de organizaciones no gubernamentales cristianas como Visión Mundial y Compasión Internacional, que comenzaron a trabajar al lado de las Iglesias evangélicas en proyectos de asistencia social y desarrollo comunitario. No podemos negar que estos antecedentes han dejado huella y una herencia en la historia de las Iglesias evangélicas en Colombia. Herencia que a veces ha sido poco apreciada por quienes hoy estamos protagonizando esa nueva participación social y política en esta república suramericana."[61]

Por lo anterior, nos dice que hubo un despertar de los evangélicos por participar en los diferentes escenarios de la política y por ende habían sido tentados por partidos políticos de vasta trayectoria y por nuevos movimientos electorales, que veían un campo fértil de votos para sus respectivos partidos, se agitan en toda la América latina. A fines de los 80 y comienzo de los 90, se sienten fuertes y seguros respecto de una exitosa participación política. Por ejemplo, en Brasil (1986) en la Asamblea Constituyente se articula la 'Bancada evangélica' que agrupa a 33 diputados. Dentro de este grupo, un gran numero lo componen líderes de la Asambleas de Dios y el Movimiento pro – Collor fue decisivo para el triunfo de Fernando Collor de Melo. Cuatro años más tarde, en Guatemala (1990) es elegido presidente de la nación Jorge Elías, miembro de la Iglesia pentecostal 'El Shaddai'. En Perú, es elegido Alberto Fujimori, gracias al voto decisivo de los evangélicos en el movimiento político que se organizó cuyo nombre ilusionaba al pueblo creyente y no creyente del Perú: Cambio 90 y es elegido como vicepresidente al pastor bautista Carlos García y su bancada evangélica en el Congreso estuvo compuesta por 20 pastores y líderes. En ese mismo año en Colombia, dos pastores evangélicos son elegidos miembros a la Asamblea Constituyente.[62]

---

[61] Pablo Moreno Palacio, "Escenarios de la presencia evangélica en Colombia, 1991 – 2001", *en ponencia* presentada en la 1ª Consulta Nacional sobre la Paz, 49ª Asamblea Nacional del Consejo Evangélico de Colombia (CEDECOL), Cali, Colombia, 27-31 de mayo del 2002. Reproducido por la Revista electrónica *Espacio de Diálogo*, Núm. 2, abril del 2005, de la Fraternidad Teológica Latinoamericana. [Consultado: 25 de mayo de 2011]: http://www.cenpromex.org.mx/revista_ftl/ftl/textos/pablo_moreno.htm
[62] Ramos Ampudia, "Los evangélicos y la política", op., cit., p. 38.

El despertar del pueblo evangélico por lo político los ha llevado a una cuestión mesiánica de redimir al mundo. Al respecto el Lic. Israel Ortiz, dice: "Si en el pasado consideraron la política como sucia, corrupta o pecaminosa, hoy muchos están inmersos en ella con la idea de lanzar una reforma del país desde el gobierno."[63] Esta intención por transformar la sociedad con principios cristiano desde un accionar político y pastoral, con las mejores intenciones: purificación de la política y el bien común. Pero, se equivocan, en el caso de los líderes y pastores; este error puede traer graves consecuencias para la iglesia y el evangelio. Cuando el pastor asume un compromiso con un determinado político y recibe algunos dividendos o beneficios, compromete a los hermanos a votar por ese candidato. Como sucedió en Perú con Fujimori, al poco tiempo de ganar, gobierna a su manera y excluye a los evangélicos; en Brasil, la bancada evangélica brasileña es acusada de corrupción. Los únicos que quedaron bien parados y lograron el éxito en normas constitucionales que garantizan la libertad de culto y el reconocimiento de los Seminarios Teológicos Evangélicos como universidades teológicas son los colombianos, lo cual los anima a seguir participando en la política.[64]

Por lo anterior, algunos se preguntaran ¿está mal que los evangélicos participen en la política? La respuesta es no, la tarea de los evangélicos consiste en analizar esa participación en el proceso eleccionario y en el gobierno, porque no ha logrado el impacto de purificar la política tradicional, ni transformar la sociedad. Jorge Sennewald sugiere que "debemos animar a nuestros hermanos y hermanas a estar presentes en todos los ámbitos de la sociedad con excelencia, entrega y santidad. Esto incluye también el ámbito de la política. Creemos que como iglesias evangélicas no hemos alentado suficientemente a nuestros feligreses a una participación política comprometida y responsable." Continua diciendo Sennewald, por diferentes razones teológicas e históricas, en los medios evangélicos latinoamericanos siempre se vio el ámbito de la participación política como algo sucio que debía evitarse. Es tiempo de cambiar esta mentalidad. No obstante, pretender participar en la lucha política como pueblo evangélico, es una distorsión de la misión de la iglesia. Es misión de la iglesia defender valores como los de la vida, la justicia, la verdad, la igualdad, la dignidad humana o la santidad de la creación, por mencionar

---

[63] Lic. Israel Ortiz, es secretario regional para México y Centroamérica. Comunidad internacional de estudios evangélicos. "Los evangélicos y la política: Una revisión del camino", *en Revista Kairos,* julio – diciembre, 82 # 35 (2004), p. 85.
[64] Ramos, *Op., cit.,* p. 38.

solo algunos. Cuando lo ha hecho, ha afectado verdaderamente a la sociedad y más de una vez ha tenido que pagar el alto precio del sacrificio. La lógica de la política es contraria a la lógica del reino de Dios. La política se construye con poder, el reino de Dios se extiende con servicio. La tentación hoy llega bajo la promesa de cuotas de poder o de privilegios. "Si nos votan tendrán este espacio, lograrán estos privilegios". La iglesia no está para servirse a sí misma. La transformación social jamás se hará desde el poder. Quien quiera afectar a la sociedad en nombre de Jesucristo lo hará desde el servicio y no desde el poder, como hizo el pastor bautista Martin Luther King Jr.[65]

3. DE UNA PARTICIPACION POLITICA INGENUA A "UN DISCERNIMIENTO POLITICO"

Los evangélicos en el pasado pecaron por ingenuo (algunos continúan en lo mismo) se dejaron seducir por esta frase: "necesitamos evangélicos en la política". Esta misma frase se repite hoy en algunos pulpitos, pero es un error si se piensa que el solo hecho de ser evangélico es suficiente, afirma Sennewald y continúa: "Lo que necesitamos en la política son hombres y mujeres preparados" académicamente no solo en lo teológico sino también en las ciencias políticas u otras, "capaces, íntegros, eficientes, con los mismos valores que defendemos, y una fe madura en Jesucristo. Pues, muchos caen bajo la seducción del poder y aceptan candidaturas políticas sin más antecedentes que sus tareas ministeriales." Son ministros y ministras de Dios preparados y preparadas para servir a Dios y "es de reconocer que en el arduo trabajo pastoral son experimentados y preparados. Pero en el área política ¿Cuál ha sido su militancia? ¿Cuál ha sido su formación? ¿Cuentan con un proyecto para la transformación social desde el punto de vista político? Suele responderse: "es una puerta que Dios abre". Quiero ser claro, Dios abre puertas a quienes estén preparados y capacitados conscientemente más allá de sus buenas intenciones. Si algún cristiano se ha preparado para el servicio público, ha desarrollado una militancia, tiene un marco ideológico y una vocación política, ese es su campo de acción, su tierra de misión. Pero, si un cristiano que habiendo recibido el llamado divino al pastorado deja su ministerio para servir a través de la política aun a aquellos que son enemigos de Cristo, entendemos que el contexto denominacional en el que se encuentre, y por sobre todo la guía del Espíritu Santo de Dios serán quienes deban brindar legitimidad a esa decisión personal de abandonar el pastorado y dedicarse a la política. Es sabio tener en cuenta que el valor de su credibilidad, el respeto de sus fieles y su rica

---

[65] Jorge Sennewald, "Los evangélico y la política", *op., cit.,*

experiencia ministerial, es un capital que le pertenece a Dios y que por su infinita Gracia fue derramada sobre su vida para el servicio a la Iglesia y la extensión del Reino de Dios."[66]

En esa misma línea de preocupación nos comenta Israel Ortiz:

> (...) Así en general los evangélicos se han lanzado a la arena política sin la debida formación. Quedaron electos porque tenían buen testimonio y contaban con cierto reconocimiento dentro del mundo evangélico. Otros aceptaron una candidatura porque pensaban que el voto evangélico les sería favorable. En ambos casos la participación fue motivada más por la coyuntura del momento que por un proyecto político definido. A excepción de unos pocos, se involucraron de manera empírica más que por llamado.[67]
>
> Por supuesto, el solo hecho de contar con una base ideológica y política no garantiza que los evangélicos impulsen un proyecto que esté al servicio del pueblo. Es por ello necesario interrogarnos: ¿En qué grado la base ideológica de sus partidos reflejan los valores cristianos? ¿Cuentan con cuadros de liderazgo con formación política? ¿Tienen candidatos reconocidos por su espíritu altruista y honorabilidad? ¿Qué visión tienen del Estado y la nación? Sin obviar los aportes que han hecho algunos, hay que señalar que todavía la participación de los evangélicos en el mundo de la política ha sido más negativa que positiva. [68]

Carlos Ramos ve esta participación con graves debilidades desde las experiencias pasadas y las prácticas presentes se deduce fácilmente que los evangélicos tienen deficiencia en cuanto a formación política. Dice, "si algo los caracteriza es su ingenuidad cercana a la torpeza. Muchos consideran que la lectura de la Biblia es la panacea para todos los males, incluidos la política; hablan de que deben instaurar una teocracia a cambio de la democracia, como en los tiempos hebreos de los Jueces. Ignoran la historia cada país, desconocen las ciencias políticas, jurídicas, sociológicas, económicas entre otras." La otra ingenuidad que percibe Ramos tiene que ver con "atribuir a Dios los designios políticos individuales y de grupo." Logran el apoyo de sus hermanos en la fe, mediante la astucia de que "Dios me ha revelado", "el Señor dice que..." y pronostican triunfos arrolladores para la dignidad de que se trate, sin considerar los obstáculos que se ven con facilidad, pero antes los cuales no cabe dudar del "milagro" que hará

---

[66] Jorge Sennewald, "Los evangélico y la política", *op., cit.,*
[67] En los últimos años han surgido algunas agrupaciones que muestran una plataforma político – ideológica mucho más estructurada, como lo plantea en su artículo Ortiz.
[68] Ortiz, "Los evangélicos y la política: Una revisión del camino", p. 86.

Dios. Ante estas argucias, muchos creyentes de buena fe no se atreven a contradecir las "profecías" por temor de desobedecer a Dios y venga una desgracia para sus vidas.[69]

Por lo anterior, debemos salir de la ingenuidad al discernimiento político de las implicaciones del quehacer político, porque muchas de sus prácticas pueden comprometer los valores evangélicos, Elsa Romanenghi, en palabras del senador peruano evangélico afirma que "el peligro para los evangélicos es caer en la ingenuidad política, tratando de actuar en el escenario sociopolítico sin conocer suficientemente la realidad en la que les toca actuar".[70] Muchos de ellos desconocen las estrategias de negociación que hacen algunos partidos a espalda del pueblo o como le mueven el sillón a un político cuando no está de acuerdo con sus prácticas. A esto Jaque Ellul compara con la metáfora del mal y lo califica de satánico.[71] De manera específica se refiere a la intriga, el soborno, el cohecho, la violencia y el engaño que forman parte del quehacer político a diario. Nos advierte, Ellul, de la práctica política que pervierte los medios con tal de conseguir sus propios beneficios. Los evangélicos inmersos en la política tienen que tener conciencia de este mundo de intriga, sospecha y discernimiento espiritual apoyado por una teología bíblica, acompañamiento pastoral y estar preparados para enfrentarlos. De lo contrario serán devorados y arrastrados por tales prácticas.

Por eso, los evangélicos no deben "olvidar que el poder político puede llegar a corromper medios, fines y conciencias. Los evangélicos no deben desconocer esta lucha y ambición que genera la búsqueda o retención del poder político. Desde los valores del reino de Dios no hay espacio para este tipo de conducta política. Martín Luther King anotaba que no existen medios malos para alcanzar fines buenos, pues los fines preexisten en los medios. Los cristianos deben guardarse de ser seducidos por la ética situacional que deja de lado la verdad por intereses personales. Ante esto ¿está mal que los evangélicos incluyendo los pastores participen en política? No lo veo mal, sino que deben dejar la ingenuidad y agudizar su percepción del ambiente político, examinando toda propuesta política y tomando lo bueno (1 Ts 5: 21). Además, deben actuar de manera prudente, teniendo en cuenta las advertencia de Jesús de "ser mansos como palomas y astutos

---

[69] Ramos Ampudia, "Los evangélicos y la política", *op., cit.,* p. 38.
[70] Elsa Romanenghi de Powell, "Participación de los evangélicos en la política latinoamericana", *Boletín teológico* #44 diciembre (1991), p. 233.
[71] Jaque Ellul, citado por René Padilla en "Hay lugar para Dios en la política", en *Discipulado y misión: Compromiso con el Reino de Dios,* Buenos Aires: Ediciones Kairos, 1997, p. 138.

como serpientes" (Mt. 10:16). Concluye Ortiz aconsejando: "Es mejor evitar la política si no se posee la debida formación espiritual y política a fin de no ser arrastrado por las ambiciones de políticos corruptos. A la vez, hay que tener una clara conciencia y un compromiso definido con la ética y los valores del reino de Dios para actuar de manera diferente. Somos llamados a sumergirnos en el mundo sin perder nuestros principios cristianos."[72]

4. ¿ESTÁ MAL QUE LA IGLESIA EVANGELICA SE INTERESE EN LA POLÍTICA?

Creemos que no, pues la iglesia evangélica esta llamada a preparar a siervos y siervas para ejercer los diferentes ministerios no solo espirituales sino también seculares. Además, hay iglesias que tienen experiencia y han participado en la lucha por el bienestar común, han sido la voz profética de los marginados y excluidos por el sistema neoliberal. Por ejemplo, las iglesias cristianas en sus comienzos tuvieron que enfrentar situaciones conflictivas, marginación, exclusión y persecución de los sectores católicos y no católicos. Este ambiente hostil hizo que los evangélicos se unieran por una causa política y social, dejar de ser los blancos de críticas y burlas ante la sociedad general. Batallaron durante muchos años por el derecho de ser reconocido como institución sagrada, como la católica, pues sus luchas y defensa por los derechos de profesar su credo, tuvo resonancia a nivel local e internacional, voces a favor por la libertad y seguridad del pueblo evangélico, estas voces lograron derribar el estigma de sectas, herejes. Todo se debió a un interés de vivir y profesar su credo, sin temor.

Ahora bien, todos sabemos que la política está llena de obstáculos y tentaciones, peligros y prejuicios, de que la lógica de la política es contraria a la lógica del Reino de Dios, la política se construye con el poder, en cambio en la política del Reino de Dios se construye con el objetivo a servir sin esperar nada cambio, solo transformar la sociedad en una sociedad donde todos quepamos, entonces ¿vale la pena que la iglesia evangélica participe en ella? Claro que sí, vale la pena involucrarse en la política, porque somos ciudadanos de una nación, tenemos deberes y responsabilidades con el prójimo, de trabajar por el bien común, de ser la voz de los que no tienen voz en una sociedad cada vez se agranda la brecha de ricos y pobres.[73] No está mal que la iglesia evangélica se interese por el político y mejorar las condiciones sociales de sus compatriotas creyentes o no creyentes, Dios hace llover sobre hombres naturales y espirituales, lo que debe evitar la

---

[72] Ortiz, op. Cit., pp. 87 – 88.
[73] Ramos Ampudia, "Los evangélicos y la política", *op., cit.,* p. 39.

iglesia es caer en los vicios de la gran mayoría de los políticos, que hacen de sus funciones un negocio, venden sus opiniones, valoran sus votos conforme el cheque le muestren; canalizan recursos a sus cuentas, ubican a sus parientes y amigos, venden sus principios y doctrinas por un plato de lenteja, es decir, abandonan la doctrina, las convicciones de fe, caen en la corrupción. Algunos de estos políticos evangélicos han caído en casos de corrupción lo cual es doloroso para la sociedad en general que ve en nosotros un nuevo grupo de políticos distinto, honesto, porque considera que tomamos en serio el mandato de ser "sal y luz a las naciones"[74].

Otra cosa que la iglesia evangélica debe evitar "usar el púlpito o cargos ministeriales con fines políticos. Hay que evitar el uso ideológico de la predicación o el asumir actitudes parciales para favorecer determinada candidatura. La tentación del poder y la búsqueda de reconocimiento o beneficios siempre perseguirán a la iglesia. Los cristianos están llamados a participar en la política, pero no deben valerse de la iglesia o sus organizaciones como medios para favorecer su partido o ideología política." Y agrega Ortiz, la tarea de la iglesia es orientar y estimular a la participación responsable de sus miembros. Sin embargo cada miembro debe asumir su propia decisión de preferencia, ser consciente del perfil, carácter y programas de los candidatos incluyendo las bases ideológicas de su partido. No hay que votar por un candidato por el solo hecho de ser uno más de nuestras congregaciones. Debemos evitar que se utilice las instituciones eclesiásticas y para eclesiásticas como un cliente de partido. La iglesia está llamada a estar alerta a no dejarse utilizar con fines políticos."[75] Esto implica tener una actitud crítica y no dejarnos imponer una ideología, por solo hecho de ser cristiano, si algo aconteciera debemos salir en defensa de nuestros derechos, esa era un de las preocupaciones del teólogo Martin Lutero: "La fe no ofrece al cristiano un programa o una ideología, sino una razón de la mente y del corazón para participar, una preocupación central y una norma para evaluar todo programa, ideología, estructura o acción política: el bienestar del prójimo."[76]

De la misma manera Ramos Ampudia, está de acuerdo con la participación de la iglesia en la política, a pesar de los peligros también hay 'virtudes como la exigencia de conocer a profundidad a un país.' "Las decisiones políticas afectan o benefician a toda la colectividad y se pueden lograr cambios de manera más rápida que si lo hacemos al margen de ellas. La vocación de servicio a los

---

[74] Esto ha sido una preocupación de sociólogos, teólogos y estudiosos del fenómeno evangélicos en la política, le invito a leer el libro del Dr. Hilario Wynarczyk, *"Sal y luz a las naciones. Evangélicos y política en la Argentina (1980 – 2001)*, Bs., As, Siglo XXI, 2010.
[75] Ortiz, "Los evangélicos y la política: Una revisión del camino", pp. 96 – 97.
[76] Martín Lutero, *La libertad cristiana,* Buenos Aires, Aurora, 1983, p. 33.

demás alcanza sus mejores logros a través de la acción política. La igualdad religiosa, el respeto por las minorías, una cultura de la tolerancia y respeto a los demás, un ambiente de paz y reconciliación se pueden alcanzar de mejor manera cuando se usa de forma adecuada el poder político." Y Ramos Ampudia no está de acuerdo que haya un partido político evangélico, porque es ahistórico en nuestro presente, porque no vivimos en los tiempos de las rivalidades religiosas entre cristianos y católicos. Es contrario a las demandas de los derechos humanos, puesto que hace discriminación religiosa al proclamar un partido solo para evangélicos. Una propuesta así está destinada al fracaso, porque un partido serio no puede girar alrededor de prácticas de culto, sino entorno de grandes problemas regionales como la desocupación, la pobreza, la desnutrición, el narcotráfico, las migraciones, entre otros problemas.[77]

Por lo anterior, la política es un arte de dirigir las sociedades civiles, dice Jacques Darchon[78], es una ciencia práctica. Pero cualquier praxis humana debe dirigirse por principios racionales, no solo de fe. Lo contrario constituiría un voluntarismo ciego o afectivo. De ahí, que toda acción política no solo necesita apoyarse en una teología política, sino también de una filosofía política. Tanto la teología como la filosofía buscan dar una explicación verdadera, completa y coherente de lo que es en realidad el ser humano, del por qué y el para qué está en el mundo, de sus rol que cumple en la sociedad que comparte con los otros, de los orígenes y el sujeto de la autoridad y hasta donde llegan sus límites, de los derechos y deberes de la persona singular ante ellas, etc. "El conjunto de respuestas que se den a tales problemas constituye la ideología básica y ultima que determinará la dirección concreta de la acción política." Según Carlos Valderde e insiste en "la importancia de que tales principios sean objetivos, es decir, que expresen la realidad del ser humano y la sociedad, porque es preciso evitar arbitrariedad, el voluntarismo y el subjetivismo de los gobernantes."[79]

Para que los evangélicos sean considerados una alternativa ante la sociedad que esperan de ellos que sean "Sal y luz a las naciones", no solo necesitan relacionar la Biblia con la política, aunque sabemos que ella es nuestro manual de fe y practica en todas las cosas, incluyendo la esfera política, pues así hemos sido doctrinados, consideramos a Dios como soberano en el mundo y todo lo que concierne a este mundo caído: incluye no solo lo religioso, sino también lo político. Puesto que la Biblia es la Palabra de Dios, los evangélicos políticos deben consultarla para guiarse en sus actividades políticas, pero deben evitar caer en el error de pretender sacar todas sus ideas políticas de la Biblia, pues ella no tiene un programa políticos o un sistema políticos de gobierno, no nos dice

---

[77] Ramos Ampudia, "Los evangélicos y la política", *op., cit.,* p. 39.
[78] Jacques Darchon, *Foi chretienne et engagement politique,* Paris, Collection "Les Bergers et les Mages, 1958, p. 21.
[79] Carlos Valverde, "Etica y política", *en Cuadernos BAC,* # 43, Madrid, Bibliotecas de Autores Cristianos, 1981, p. 19.

si ha de ser una aristocracia o una democracia u otro. La Biblia solamente nos ofrece principios eternos que deben subrayar y controlar todos los sistemas políticos.[80] Si la Biblia no pretende ser un libro de políticas, sino un libro que guía a esos seres políticos a una acción política responsable, en nuestro caso, evangélicos, entonces necesitamos, en palabras de Ortiz, "Una ética política y una teología de la política, del poder y de la mayordomía de la creación. Acciones para fortalecer la participación política de los evangélicos incluyen la formación de líderes, participación en la sociedad civil, el planteamiento de proyectos de nación, la cooperación con otros grupos y el trabajo interdisciplinario."[81] Temas que abordaremos a continuación, con eso concluiremos con un aporte al dialogo.

5. APORTES PARA UNA POLITICA EVANGELICA RESPONSABLE

Nuestro aporte trata de armonizar de manera coherente, humana y cristiana del rol de los cristianos en la sociedad, la iglesia y el estado. Si logramos este fin, el cristiano encontrará en la sociedad y en el estado un espacio para ser embajadores de Cristo. Esto hará que su participación en lo político sea correcta y coherente con sus creencias cristianas, teniendo como guía los principios del Evangelio de ser "sal y luz" en su País. Para ello deberán ser autocritico de sus mismas acciones, pues "el liderazgo cristiano no se exime de caer en la autosuficiencia y la arrogancia política o religiosa." Somos conscientes de la importancia del creyente en lo público como también en lo político. Dios convoca a hombres y mujeres a una misión profética en la política, estamos llamados a leudar la masa con nuestro accionar en el mundo con sentido de vocación y responsabilidad hacia los demás, la nación y la creación misma como nuestro lugar donde vivimos y participamos todos, debemos velar y guardar para el futuro de las generaciones, siempre nuestras acciones deben ser para honrar y glorificar al Dios que nos llamó. Ejemplos tenemos de hombres y mujeres que Dios usó en lo público encontramos en toda la Biblia solo falta dedicar tiempo a la lectura, al análisis y la reflexión de algunos pasajes bíblicos como Ezequiel 34, Romanos 13: 1 – 4, ver qué rol ejercieron en sus comunidades.

a. Hacia una ética política

La ética es una rama de la filosofía que trata de lo moral y las obligaciones

---

[80] H. Henry Meeter, *El cristianismo reformado y el estado,* Grand Rapids, TELL, s.f, pp. 85 – 88.
[81] Ortiz, "Los evangélicos y la política: Una revisión del camino," *Op., cit.,* p. 81.

del ser humano. Estudia, pues las acciones humanas en cuanto deben considerarse como moralmente buenas o malas. De ahí, deducimos que la ética es un conjunto de normas que constituyen y deciden la moralidad de un comportamiento humano. Es por ello, que con normalidad se usan indistintamente los sustantivos: ética y moral o los calificativos correspondientes.[82] Pero, hay que tener mucho cuidado de confundir estos términos, la ética regula las relaciones interpersonales y un valor moral no depende de nosotros. "Algo existe por encima de nuestra subjetividad que decide de manera absoluta la moralidad o inmoralidad de una acción", por ejemplo, la clase política de hoy ha perdido credibilidad debido a sus acciones: robos, injustos, etc. Ellos saben, como nosotros, que robar es malo, "no es porque yo lo decida sino porque es un hecho objetivo que contradice el recto orden de la naturaleza."[83]

Ahora bien, el quehacer político es una actividad primordialmente práctica, según Valverde, "efectivamente es así, pero es claro que cualquier praxis humana debe dirigirse por principios racionales" y morales. Lo que debemos hacer es relacionar la ética y política, porque todo acto público de un ser humano político o los actos políticos de cualquiera de nosotros son actos humanos, es decir, realizados por personas con conocimientos, deliberación y libertad, tales actos o son conforme a los principios de la ley natural o no lo son. Si lo son, son moralmente buenos, si no lo son, son moralmente malos. De este dilema no podemos escapar, "no hay actos humanos moralmente indiferentes o neutros. La moralidad cualifica todo nuestros actos. Por eso, las personas que realizan la política y los gobernantes de una nación, no pueden de ninguna manera en conciencia prescindir de la ley natural, ni legislar como si ella no existiera, porque existe. La política ha de someterse a unas normas fundamentales que son de orden moral.[84] De ahí surge la necesidad de reflexionar sobre la importancia de relacionar ambas ciencias, por ello apuntamos a una ética política.

Nuestra sociedad vive un desencanto por nuestros gobernantes, partidos y políticos. Esto los ha llevado abstenerse de participar en las elecciones, pues "en la política criolla el interés personal o de partido ha prevalecido por encima de los intereses de la nación. La historia testifica como muchos políticos sacrificaron sus ideales ante la tentación del poder. Pocos han sido visionarios comprometidos con el bienestar de la población y el futuro del país. Todos conocemos el pillaje de quienes se han aprovechado de sus

---

[82] Carlos Valverde, "Ética y política", *op., cit.,* pp. 13 y ss.
[83] Ibíd.,
[84] Ibíd., pp. 19 – 20.

cargos o influencias para su propio enriquecimiento."[85] Por eso, uno de los retos para los evangélicos en la política es ser una 'contracultura cristiana', de vivir y pensar en el compromiso social profundo con la verdad y justicia del evangelio de Cristo, de ser la luz que despeje la obscuridad de mentira, de corrupción que se nutre del engaño, de la coima, compra de votos y de la evasión de la ley. Desde este enfoque los evangélicos estamos llamados a contribuir en la formación de conciencia ética para la nación. Esto nos debería llevar a pensar sobre nuestras: "motivaciones ¿el por qué?, propósitos ¿el para qué? Y las formas ¿el cómo?, de la participación de los evangélicos en la política, a fin de expresar una ética cristiana evangélica al respecto."[86] Una política sin ética y sin moral está destinada al fracaso y puede convertirse en un instrumento de perversión, corrupción y opresión.

Cuando hablamos de ética política nos referimos a la tarea política con un sentido de vocación y misión. Esto hace alusión al ser político y su quehacer. Desde la perspectiva del evangelio "tiene que ver con el carácter y el obrar justo del cristiano según los valores del reino de Dios. La ética, a diferencia de la moral (que ya lo explicamos en el párrafo arriba, sobre como discernir lo que es bueno y lo que es malo" y en nuestro caso cuál es la voluntad de Dios para el mundo hoy).[87] En cambio, la ética desde el evangelio "va más allá de la costumbre, creencia o tradición humana de lo que parece ser bueno. Abarca no solo la acción, sino también la intencionalidad. Esta ética la demandó Jesucristo a sus discípulos cuando les dijo que si su "justicia" no era mayor que la de los religiosos de su época no entrarían en el reino de Dios (Mt. 5:20)." Acentúa Ortiz y continúa: "Es una ética que tiene como fundamento la revelación de Dios en Jesucristo, paradigma del ser humano nuevo (hombres y mujeres), quienes han de expresar un estilo de vida y pensamiento distinto en sus relaciones sociales, el manejo del poder, la verdad y la justicia."[88]

Finalmente, el Dr. René Padilla dice que esta ética debe ser encarnada en el contexto socio – histórico, político, económico y cultural. Es decir, hace pertinente en cada realidad y circunstancia los valores del reino de Dios para orientar el pensamiento y las acciones de las personas en lo personal y

---

[85] Ortiz, "Los evangélicos y la política: Una revisión del camino," *Op., cit.,* p. 90.
[86] Enrique Martínez Reina, "Hacia una ética evangélica de participación política", *en conferencia dictada en la consulta La Participación Política de los Evangélicos,* auspiciada por la Fraternidad Teológica Latinoamericana, en Tegucigalpa, Honduras, 21-23 de octubre de 1993). Citado por Ortiz, p. 100.
[87] Siegfried Sander, "Elementos de una ética cristiana del servicio", en *Libres para servir,* ed. Angelit Guzmán Lima, Visión Mundial Internacional, 1995, p. 61.
[88] Ortiz, op., cit., p. 101.

en lo colectivo, que nos lleve a discernir nuestras acciones y las acciones de los otros, en este caso los políticos, por eso el creyente en Cristo debe juzgar a la luz de los valores del evangelio toda motivación y la acción política.[89] Asumiendo esta postura podemos transformar esa forma tradicional de hacer política corrupta y pensar en el bien común.

b. Teología política

Un funcionario político, dice José Miguez Bonino, tiene que saber administrar reglamentaciones, decidir procedimientos. 'Es necesario que sepa lo que hace.' Con escasas excepciones, los evangélicos no nos hemos preparado para eso. Tampoco lo han hecho los otros políticos. Precisamente por eso, se hace necesario conocer y saber hacer política, nuestra responsabilidad es mayor. Se requiere una doble tarea: por un lado, tratar de comprender mejor cómo se relaciona el evangelio con los temas y cuestiones que tiene que tratar la política. Por otro lado, la propia disciplina política, de relaciones de poder, de la economía. Si no lo hacemos resultaremos inútiles de cualquier tipo de tendencia a la que nos afiliemos y responsables de sus resultados.[90] Es por ello, que se hace necesario no solo una filosofía de la política sino también una teología política para ser "sal y luz" en nuestros pueblos latinoamericanos.

"Esta política va más allá de la búsqueda, obtención y ejercicio del poder", aclara Ortiz, la política que nosotros los creyentes debemos ejercitar debería tener como base teológica los valores y las demandas del evangelio que son la justicia, la verdad, la solidaridad, la honestidad, el servicio, la misericordia, la compasión, el amor, la paz y la liberación de todo cautivo. Es una política que se hace en la acción de programas, proyectos y acciones en beneficios del pueblo. No se trata de usar el discurso evangélico de la justicia en el discurso político, sino con pensamiento y acciones políticas que reflejen en la práctica la dimensión de la justicia y el ejercicio saludable de ejercer el poder.[91] Una teología política desde la perspectiva del evangelio es importante para orientar y estructurar la ideología del creyente sobre cómo debe servir en el ámbito político y ser modelo en el gobierno. Además, deberá tener en cuenta la declaración Osijek, sobre "Libertad y justicia en las relaciones Iglesia – Estado", dice que una teología política debe

---

[89] René Padilla, "Hay lugar para Dios en la política", *en Discipulado y misión: Compromiso con el Reino de Dios,* Buenos Aires, Ediciones Kairos, 1997, p. 142
[90] José Miguez Bonino, *Poder del evangelio y poder político. La participación de los evangélicos en la vida política en América latina,* Buenos Aires, Kairos, 1999, p. 15
[91] Ortiz, op., cit., p. 101.

responder a las siguientes interrogantes: ¿Cuál es el propósito del gobierno? ¿Cuál es el papel de la fuerza en el gobierno y cómo debe ser usada? ¿Qué valores morales deben legislarse y cuáles no, y cuáles son los criterios para distinguirlos? ¿Cómo se emplea y controla el poder? ¿Existe una norma trascendente por encima del Estado? Y añade, "Sin una teología política que responda a estas preguntas, la participación política será superficial, frecuentemente mal orientada y contraproducente".[92]

En la praxis esta teología política se ocupa de las acciones del Estado en beneficio de la sociedad, por ello, debe "velar no por sus propios intereses sino por los intereses de los demás" como aconsejaba Pablo a sus hermanos de Filipos que peleaban por una cuota de poder. Esto les ayudará a mantenerse al margen de la corrupción y ejercer el poder para gobernar bien y no utilizar al Estado como un instrumento para fines religiosos, asegura Ortiz. Como medio propagandista de evangelizar a todos, recuerde que el evangelio se propone, no se impone. Lo que si el evangelio demanda a todo funcionario público (evangélico o no) es asumir con seriedad y honestidad la gestión pública a fin de respetar la libertad de conciencia y demás temas afines, trabajar por el bien común y velar por los intereses de la nación. Finalmente, esta teología debe estimular el fortalecimiento del estado de derecho en el país. Esto conlleva a fortalecer el respeto y cumplimiento de la Constitución política del país y la aplicación de las leyes como los mecanismos necesarios para promover los derechos y dignidad de todas las personas, especialmente los que están fuera del sistema los pobres, los ancianos, los indígenas u otra.[93]

Concluimos que el objetivo principal de esta ponencia era aportar algunos elementos que nos sirvan para enfrentar el desafío del quehacer político evangélico y delinear algunas líneas sobre el cómo asumir esta tarea desde lo ético y nuestras creencias de fe. No ha sido nuestro interés de abocarnos al sentido estricto de la ciencia política. Aunque a veces nos referimos a ella desde su praxis quedan algunos vacíos que deberán ser llenados desde el interés personal de cada uno de los oyentes y lectores. Animo a cada uno de vosotros a profundizar sobre el tema que nos concierne como creyentes evangélicos por medio de lecturas de libros, artículos, participación de talleres, conferencias y seminarios que aborden a profundidad el quehacer de la ciencia política y su importancia para quehacer teológico pastoral de hoy en nuestros países latinoamericanos.

---

[92] Alianza Internacional de Teólogos Evangélicos de la Misión, "Cuarta Conferencia Internacional" (Osijek, Yugoslavia: abril de 1991): párrafo 6, citado por Ortiz, p. 102.
[93] Ibid., p. 103.

5 HOMESEXUALIDAD, MATRIMONIO IGUALITARIO E IGLESIA: ¿CÓMO DEBE ACTUAR LA IGLESIA Y LA PASTORAL FRENTE A ESTOS GRUPOS? APORTE PERSONAL DE UN TEÓLOGO BAUTISTA LATINOAMERICANO

Creo que de todos los temas que hemos abordado en este libro el más polémicos, no solo que se debate aquí en Chile, Colombia (como en otros lugares), sino en nuestra sociedad en general; es probable que ninguno de los que ya hemos tratado anteriormente sea más discutido y genere fricciones en las arenas políticas, jurídicas y religiosas de nuestra sociedad como es el caso de la homosexualidad (masculina y femenina). Comúnmente se le conoce como comunidades gays, dentro de esta población incluye a los bisexuales, transexuales, intersexuales. Su problema a cobrado interés no solo en los movimientos de luchas por los derechos civiles, sino también por los medios de comunicación, que incluye a personalidades del espectáculo, como actores y directores reconocidos de fama mundial, y porque no decir de teólogos (as), sacerdotes y pastores protestantes reconocidos internacionalmente, que ven un atropello a estas personas que solo piden ser reconocida como sujetos sociales. Cabe, mencionar que el tema ha generado recursos y empleo, como afirma Pablo Deiros, "la popularidad del tema no se debe solamente a las campañas de difusión de los movimientos gay y las luchas por lo que ellos entienden como defensa de sus derechos civiles, sino también a una morbosa y chabacana tendencia de los medios masivos, que explotan la cuestión como recurso taquillero y promotor de rating. En los Estados Unidos, primero, y ahora también en nuestro país, los *talk shows* o programas de entrevistas y actualidad parecen verdaderas vidrieras de todo lo anormal, enfermo y que va contra los códigos morales que durante siglos se han tenido como inconmovibles. Entre la multitud de temas y casos transgresores, destapados y atrevidos, el de la homosexualidad es pan de todos los días."[94]

La homosexualidad es un problema histórico, como veremos en los puntos que sigue, que ha estado allí en toda la historia de la humanidad.

---

[94] Pablo Deiros, "El pecado de la homosexualidad, segunda parte", *en Boletín electrónico* del Seminario Internacional Teológico Bautista, Bs As. Publicado en versión electrónica en el blog de Transformando vida [Consultado 25 – 03 – 2011]: *luiseduardocantero.blogspot.com/.../el-pecado-de-la-homosexualidad-ii.html*

Pero, hoy en nuestra sociedad contemporánea ha cobrado sentido y creo afirmarlo que ha logrado su objetivo, ha sido una lucha ardua y silenciosas, hasta llegar a ser tenido en cuenta como un tercer sexo, que necesita ser valorado y respetado; en algunas sociedades del primer mundo como de pueblos emergentes han legislado a favor de ellos, permitiendo una modificación jurídica al código civil del matrimonio, social, cultural. Pues ha hecho que algunos formularios que se utilizan para censar y registrar datos de personas se agregue, además de masculino, femenino y homosexual. También, ha permitido ser reconocido sus parejas y algunas iglesias como la luterana, escocesa y metodistas hayan permitido el matrimonio entre personas del mismo sexo y han ordenado pastores y pastoras gays al santo ministerio de la Palabra. Esto ha provocado divisiones en la sociedad en general como la religiosa, como en el caso de Argentina, algunas entidades religiosas a favor de ellos como FAIE[95] y en contra como ACIERA[96].

La pregunta que debemos hacernos tiene que ver con relación a: ¿Cuál es o será nuestra postura cristiana sobre la homosexualidad, el lesbianismo, bisexualidad, transexualidad, el matrimonio entre personas del mismo sexo? ¿Y qué dice la Biblia con respecto a esto? ¿Se les puede aceptar en la iglesia como miembros, ministros ordenados u otro ministerio? ¿Puede ser curada la homosexualidad? Si es así, ¿Pueden servir en el ministerio? ¿Cuál es la actitud de la iglesia frente al problema de los homosexuales? ¿Existe en la iglesia ministerios que se dediquen a la restauración de personas homosexuales?

1. LA HOMOSEXUALIDAD

1. Comenzaré definiendo el termino homosexualidad, etimológicamente, esta palabra viene del griego "*omoios*" que significa igual, no del latín "homo" que significa hombre, y por tal

---

[95] Federación Argentina de Iglesias Evangélicas (F.A.I.E.) es una organización de carácter civil constituida en 1957, como continuadora jurídica en Argentina de la Confederación de Iglesias Evangélicas en el Río de la Plata, creada en 1938. La FAIE está inscripta en el Ministerio de Relaciones Exteriores y Culto N° 1040, con Personería Jurídica N° 1651. Ver su website y conozca más de esta organización religiosa: www.faie.org.ar

[96] Alianza Cristiana de Iglesias Evangélicas de la República Argentina (A.C.I.E.R.A) es una alianza de denominaciones, congregaciones locales y entidades libremente asociadas con fines específicos, que reconoce como jerarquías únicas y absolutas al Padre, al Hijo y al Espíritu Santo, y acepta las Sagradas Escrituras como regla de fe y conducta.

sienten atracción sexual por personas del mismo sexo, en contraposición a heterosexualidad que se inclinan eróticamente por el sexo opuesto. La bisexualidad, en cambio siente atracción para ambos sexos. Y el transexual su aspecto anatómico no corresponde a su identidad sexual.[97] Entonces podemos hablar de homosexualidad masculina y homosexualidad femenina, éstas reciben el calificativo de lesbianas. Calificativos que en el fondo no los hacen sentir muy bien, pues muchos de ellos siente que es una palabra que los marginan, han preferido usar el término inglés *Gay*[98] que significa alegre, que se viene aplicando a mujeres y a hombres homosexuales. Otros han propuesto usar nuevas terminologías como "homotropía", inclinación hacia el propio sexo,[99] "hemofilia",[100] "condición homosexual".[101] En este caso abordaremos la homosexualidad masculina.

2. El término homosexual fue creado por el escritor y poeta húngaro Karl – María Kerbeny en 1869, quien se convirtió en un gran

---

[97] Alfred Kinsey, *Il comportamento sessuale dell'uomo*, Milano, Bompiani, 1948, p. 524.

[98] En el curso de esta ponencia, nos conviene conocer el origen de la palabra Gay "y su sentido histórico. "Originalmente, la voz *'gay'* en la lengua inglesa significó *'alegre'*, *'festivo'*, *'desenfadado'*, *'desinhibido'* y *'optimista'*, procedente del francés antiguo *'gai'*, a su vez con raíces normandas de origen germánico. Entró en la lengua inglesa en el siglo XVII. En 1637 hallamos ya algunas referencias al uso de este adjetivo con tintes de *'adicto a los placeres, la disipación moral y la vida disoluta'*. De ahí llegamos a los compuestos *'gay woman'*, *'mujer de (vida) alegre'*, como eufemismo para *'prostituta'*, *'gay man'*, para *'proxeneta'*, y *'gay house'* para *'prostíbulo'*." (Joaquín Yebra, "Semántica Inglesa", Apuntes de clase. Citado en su ensayo titulado: "La homosexualidad: Una perspectiva cristiana evangélica a la luz de las Sagradas Escrituras y los acontecimientos de nuestros días," *Estudio presentando* en la Comunidad Cristiana Eben – Ezer de la villa de Vallecas, Madrid, agosto de 2010, p. 47. [Consultado: 26 abril de 2011]:
http://www.ebenezer-es.org/libros_pdf/LA%20HOMOSEXUALIDAD%20DESDE%20NUESTRA%20PERSPECTIVA.pdf

[99] Herman Van de Splfker, *Homotropia, inclinación hacia el mismo sexo*, Madrid, Antena, 1976, pp. 15 – 18.

[100] Eduardo López Azpitarte, *Simbolismo de la sexualidad humana. Criterios para una ética sexual*, Santander, Sal Terrae, 2001, p. 145.

[101] Marciano Vidal, 'Valoración moral de la homosexualidad. Exposición critica de la postura moral católica", *in Homosexualidad: ciencia y conciencia*. Vidal et al., Santander Sal Terrae, 1981, p. 129.

defensor de los derechos de los homosexuales. Entre sus argumentos se encuentra, por ejemplo, "su defensa de la homosexualidad como un estado innato y permanente de las personas (por tanto, no adquirido ni modificable): esta opinión contrastaba con la idea dominante en la época, que consideraba la homosexualidad como un vicio." En 1878 el naturista Gustav Jäger dedica un capítulo al tema de la homosexualidad en su libro titulado *Die Entdeckung der Seele* (*El descubrimiento del alma*). Dicho capitulo generó censura por parte del editor, pues lo consideraba un insulto a la sociedad en general. Sin embargo, Jäger asume el riesgo y utiliza la terminología de Kertenby en el resto de la obra. Lo mismo hace, el psiquiatra austro-húngaro Richard von Krafft-Ebing que utiliza el mismo término en su obra *Psychopathia Sexualis* de 1886, popularizando así los términos *homosexual* y *heterosexual*. Desde entonces, la homosexualidad se convirtió en objeto de intenso estudio y debate: inicialmente se catalogó como una enfermedad, trastorno o patología que había que curar, como lo afirma Beach: "Recientes investigaciones (como la APA) han llevado a la comunidad científica a reconsiderar la tesis de que la homosexualidad es una desviación o trastorno de la heterosexualidad, pero, como ha asegurado la APA[102], no es un estado morboso de desorden (trastorno), como tampoco lo es el hecho de ser homosexual, no es de ningún modo culpable desde el punto de vista moral.[103] Por eso, nuestra era posmoderna ha venido a ser considerada como parte integral del género humano necesaria para comprender la biología, psicología, política, genética, historia y variaciones culturales de las identidades y prácticas sexuales de los seres humanos.[104]

2. PERSPECTIVA HISTORICA DE LA HOMOSEXUALIDAD

El homosexualismo es una de las prácticas más antigua en la historia de la humanidad, siempre estuvo allí buscando ser una nueva alternativa de tercer sexo. Siempre hizo parte de las orgias de los gobernantes de turno, se

---

[102] Es la Asociación Americana de Psiquiatría
[103] Waldo Beach, *L'etica cristiana nella tradizione protestante*, Torino, Claudiana Editrice, 1993, p. 95.
[104] Karoly Maria Kertbeny, poeta y escritor húngaro, pionero del movimiento de liberación homosexual. [Consultado: 25 abril de 2011]: http://es.wikipedia.org/wiki/Karl-Maria_Kertbeny

ha encontrado evidencia en grandes personalidades de la historia, de la filosofía y de la política. Por eso, muchos de los defensores de esta orientación sexual la consideran como algo normal. La homosexualidad siempre estuvo asociada a las clases altas de la sociedad griega, romanas u otras. Quiso introducirse en la sociedad judeocristiana, pero siempre fue considerada como un pecado contranatural: "La Biblia la considera como una abominación a los ojos de Dios."[105] El teólogo español José Martínez, en 1993 escribió un interesante libro que nos habla sobre el tema desde una perspectiva histórica, dice: "La prostitución sagrada de los templos cananeos dedicados a las divinidades reguladoras de la fertilidad, donde no se excluía la homosexualidad en los ritos orgiásticos (…).

En cuanto a Grecia y Roma abundan los testimonios reveladores del alcance que las relaciones homosexuales habían llegado a tener buena aceptación (…)."[106] Por ejemplo para los filósofos clásicos como Platón y Aristóteles dan fe de sus actos al considerar que las relaciones homosexuales entre los griegos no era un fenómeno raro ni tampoco malo, al contrario, era una vía excelente para elevarse a la perfección del alma, como creía Platón. Lo mismo afirmaba "Aristófanes (445 – 385 a.C.) con su característica ironía considera el Eros homosexual como instinto 'natural' (…). Herodoto, investigador de las costumbres de la época en Egipto, Mesopotamia y regiones escitas, llegó a la conclusión de que los griegos habían importado la homosexualidad de Persia."[107] Más adelante Plutarco (46 – 125 d.C.), a igual que Platón, va a considerar que "la práctica del amor con una persona dependía del atractivo sexual de ésta, siendo indiferente que fuese hombre o mujer (…)"[108]

Filo de Alejandría, es uno de los filósofos mas renombrado del judaísmo helénico[109], es uno de los que relaciona el pecado de Sodoma con la

---

[105] Gabriela Lettini, *Omosessualitá,* Torino: Claudiana Editrice, 1999, p. 20 y ss.
[106] José María Martínez, *La Homosexualidad en su contexto Histórico, Teológico y Pastoral*, Barcelona, Alianza Evangélica Española, 1999, 2ª Edición, pp. 7 – 8. También, se puede bajar el documento en http://www.aeesp.net/pdf/publicaciones/cuadernos/homosexualidad.pdf
[107] Ibíd., p. 8.
[108] Martínez, *Op., cit.,*
[109] Filón de Alejandría. *Obras completas, Introducción general a la edición. La creación del mundo según Moisés [De opificio mundi]. Alegoría de las leyes [Legum allegoriae I-III].* Volumen I. Edición de José Pablo Martín. Traducción de José Pablo Martín, Francisco Lisi, Marta Alesso, Madrid, Editorial Trotta, 2009

homosexualidad.[110] Afirma "que en su tiempo, a causa de los movimientos migratorios de carácter comercial y sociopolítico, la homosexualidad, superando todas las barreras culturales, había tenido una difusión devastadora (...)."[111] Él es uno de los filósofos de esta corriente que ve a la homosexualidad un mal sodomita y perjudicial para la historia de la humanidad. Su postura no solo va influir en el Nuevo Testamento sino en toda la tradición cristiana y en la legislación posterior. Así, el código de Teodosio y el de Justiniano prohíben estas prácticas sodomíticas con pena de muerte bajo la hoguera.[112] Respecto a la iglesia naciente, asegura Martínez, todos los escritos de la patrística que aluden a la homosexualidad, la condenan por considerarla *contra natura*, y en tales términos se expresan, entre otros, Tertuliano (160- ca. 220 d.C.); Juan Crisóstomo (347- 407 d.C.) y Agustín de Hipona (354-430 d.C.).[113] Observe el capítulo 8 del libro 3 de las Confesiones de San Agustín, donde denuncia que esto es "vergonzosos contra la naturaleza humana, como los que se cometían en Sodoma, han de ser siempre y en todas partes (incluyendo nuestras iglesias cristianas latinoamericanas) detestados y castigados (en nuestro caso disciplinado y si es posible expulsados). Si todas las naciones hicieran tales cosas, que no hizo a los hombres de tal modo que se sirvan uno de los otros de esa manera."[114]

Santo Tomas de Aquino, sigue el pensamiento agustiniano, considera que la practica sodomítica como toda búsqueda de placer sexual al margen del fin creado por Dios la procreación, va contra la naturaleza y contra la razón. En su gran obra la *Suma Teológica II-II*, trata el tema de los actos homosexuales como un vicio pecaminoso no tan grave entre las especies de

---

[110] Anthony KOSNIK et al., *La sexualidad humana. Nuevas perspectivas del pensamiento católico*, Madrid, Cristiandad, 1978, p. 217.
[111] Martínez, agrega, "al pensamiento de los filósofos se unía en la antigüedad el de los astrólogos, quienes no sólo reconocían el hecho en sí de la homosexualidad, sino que especulaban sobre sus causas. Según ellos, la constelación de Venus y Marte en el momento del nacimiento de un niño era determinante de su futura inclinación sexual." P. 8.
[112] José Rafael Prada, "La persona homosexual", *en Studia Morali,* Revista de la Academia Alfonsina, No. 42 (2004), pp. 293 - 335.
[113] Martínez, *Op., cit.*
[114] SANTO AGOSTINO, *Le confessioni*, Torino, U.T.E.T., 1945, p. 68. También, lo puede ver en el portal:
http://www.primeroscristianos.com/images/descargas/confesiones_san_agustin.pdf

la lujuria, y los describe como "actos contra la naturaleza".[115] Esto se confirma en las objeciones del artículo 12 cuando dice:

"1. Así como el orden de la recta razón procede del hombre, así el orden natural procede de Dios. Por eso en los pecados contra la naturaleza, en los que se viola el orden natural, se comete una injuria contra Dios, ordenador de la naturaleza. De ahí que diga San Agustín en III *Confess.*:

> "Los delitos contra la naturaleza son reprobables y punibles siempre y en todo lugar, como lo fueron los de los sodomitas. Aunque todos los hombres cometieran ese mal, seguiría pesando el mismo reato impuesto por la ley divina, que no hizo a los hombres para que obraran así, pues se viola la familiaridad que debemos tener con Dios, y a que se mancha, con la perversidad del placer, la naturaleza de la que Él es autor."

2. Los vicios contra la naturaleza son también vicios contra Dios, según dijimos antes (ad 1). Y son tanto más graves que el sacrilegio cuanto el orden de la naturaleza es anterior y más estable que cualquier orden sobreañadido.
3. A cada individuo le es mucho más íntima la unión de la naturaleza específica que con cualquier otro individuo extraño. Por eso son más graves los pecados contra la naturaleza de la especie."[116]

Los teólogos del siglo XVI y los reformadores siguen los mismos planteamientos de sus sucesores, pues ven que las prácticas homosexuales no cumplen con uno de los propósitos divino para los cual se creo en toda práctica sexual entre un hombre y una mujer la procreación. Como afirma Martínez, "tanto Lutero como Calvino fueron explícitos y contundentes en su modo de enjuiciar la homosexualidad. Para Calvino es 'el crimen horrendo de una lascivia antinatural'. Y las confesiones de fe de los siglos posteriores subrayaron los órdenes de la creación relativos a la sexualidad humana, los cuales obligan al matrimonio heterosexual o a la castidad del celibato."[117] Es por ello que en la Edad Media y en la Edad Moderna "los actos homosexuales se penalizaban más severamente que los de las mujeres. Una razón, aseguran Bailey e tal, que el semen era considerado una

---

[115] Ver segunda parte en la cuestión 154, articulo 11 y 12 en las objeciones que hace acerca de los pecados contra la naturaleza:
http://hjg.com.ar/sumat/c/c141.html
[116] "contra la naturaleza", *Op. Cit.* [Consultado: 20 abril 2011]:
http://hjg.com.ar/sumat/c/c141.html
[117] Martínez, pp. 8 – 9.

sustancia "casi humana".[118] Eso daba más importancia al principio masculino que el femenino, pues consideraban que el hombre era la cabeza de toda creación. Uno de los teólogos protestantes contemporáneos que no esta de acuerdo con los actos homosexuales es Karl Barth,[119] porque representa una perversión y decadencia al orden establecido por Dios. Para él Genesis 1: 26 – 27 deja claro, que solo el amor heterosexual es legal, ya que refleja la imagen de Dios en ellos.[120] Otros teólogos protestantes, como el alemán Helmut Thielicke[121], han adoptado posiciones intermedias en su intento por no caer en la insensibilidad pastoral. Así se expresa el teólogo Thielicke:

"Es imposible pensar en la homosexualidad como si careciese de significación moral, como si se tratara de un mero 'capricho' o de un 'deporte' de la naturaleza. El orden fundamental de la creación y la determinación de los dos sexos en ese orden justifica el hablar de la homosexualidad como de una 'perversión'."[122]

---

[118] Michael Bailey, Richard Pillard et al., "Heritable factors influence sexual orientation in women", *in Archives General Psychiatric 50* (1993) 217-223.

[119] Javier Gafo, "Cristianismo y homosexualidad", *En La homosexualidad: un debate abierto,* Gafo J. (ed), Bilbao, Desclee de Brouwer, 1997, p. 205.

[120] Lettini, "Omosessualita e alterita nella teologia contemporánea", *Op. Cit.*, p. 35 (Traducción mía)

[121] Helmut Thielicke (1908-1986), teólogo protestante alemán, rector de la Universidad de Hamburgo entre los años 1960 y 1978. Estudió filosofía y teología en Erlangen. Participó en la llamada *"Iglesia Confesante"*, constituida por cristianos opuestos al régimen nazi. En 1940 fue desposeído de su cátedra de Teología Sistemática en la Universidad de Heidelberg. A pesar de todos los obstáculos e impedimentos y prohibiciones de parte de las autoridades nazis, Thielicke ocupó el pastorado de la iglesia de Ravensburg y prosiguió predicando y dando conferencias en diversos lugares. Después del bombardeo de Stuttgart, en 1944, Thielicke y su familia se trasladaron a Korntal, donde siguió predicando y dictando conferencias que fueron anónimamente traducidas a muchos idiomas desde Suiza. Después de la guerra, fue uno de los profesores que reabrieron la facultad de teología de la Universidad de Tubingen en 1947. En 1951 fue nombrado rector de la Universidad, y en 1954 fue convocado para organizar la nueva facultad de teología de Hamburgo, de la que llegó a ser rector en 1960. citado por Joaquín Yebra, "La homosexualidad: Una perspectiva cristiana evangélica a la luz de las Sagradas Escrituras y los acontecimientos de nuestros días," *Op., cti.,* p. 19.

[122] Martínez, *Op., cit.,* pp. 9 – 10.

Como hemos visto desde el punto de vista histórico, esta práctica homosexual a lo largo de las diferentes épocas y entre distintas sociedades, diversos grupos culturales, fue fluctuando entre la aceptación en la antigua Grecia, la tolerancia en el Imperio romano y la condena absoluta en las sociedades judeocristianas (occidentales y orientales). Esta sociedad judeocristiana es la que se ha mantenido firme, pues ha tomado como fuente de su devenir en la historia la Tora, como norma de fe y conducta de una sociedad seguidora de un Dios puro que desea que sus seguidores sean puros también. Hay muchos pasajes bíblicos tanto del Antiguo Testamento que lo prohíben, cuando surge una norma es con el objetivo de preservar la identidad del pueblo con su Dios, eso hace la diferencia de un Dios santo y un pueblo seguidor santo, por ende, marcará la diferencia del pueblo de Israel como pueblo fiel a Jehová con respecto a los otros dioses de sus pueblos vecinos. Al respecto Pablo Deiros dice:

"El pasaje de Levítico 18.1-5, que dice: "El Señor le ordenó a Moisés que les dijera a los israelitas: 'Yo soy el Señor su Dios. No imitarán ustedes las costumbres de Egipto, donde antes habitaban, ni tampoco las de Canaán, adonde los llevo. No se conducirán según sus estatutos, sino que pondrán en práctica mis preceptos y observarán atentamente mis leyes. Yo soy el Señor su Dios. Observen mis estatutos y mis preceptos, pues todo el que los practique vivirá por ellos. Yo soy el Señor." Indudablemente, en el concepto bíblico, los israelitas eran un pueblo separado, diferente del resto de los pueblos, por ser el pueblo elegido por Dios y consagrado por él para cumplir una misión redentora en el mundo. Como pueblo de Dios, las leyes y estatutos que debían regir su conducta personal y social no podían ser los mismos que los de los demás pueblos, sino que debían ser los que Dios mismo les diera para obedecer. La moralidad del pueblo de Dios debía ser un reflejo de la santidad de Dios. La vida de los israelitas debía ser diferente de la de los pueblos cananeos cuya tierra debían ocupar y que vivían de manera groseramente inmoral. El Señor mismo era la autoridad sobre la que se fundaban las admoniciones y prescripciones que se presentan a lo largo de este capítulo de Levítico. Nótese la manera en que en cinco versículos se repite dos veces la frase "el Señor" y dos veces "Yo soy el Señor su Dios". De este modo, el pueblo de Israel debía conducirse según los estatutos dados por Dios y poner en práctica sus preceptos, y no debía seguir ningún otro estilo de vida. Para el pueblo, este acatamiento y obediencia resultaría en una vida abundante y con propósito."[123]

---

[123] Pablo Deiros, "El pecado de la homosexualidad, primera parte", *Op., cit*, Publicado en versión electrónica en el blog de Transformando vida [Consultado 25 – 03 – 2011]: *luiseduardocantero.blogspot.com/.../el-pecado-de-la-homosexualidad-i.html*

3. Muchos podrán estar de acuerdo con lo que digo u otros no, pero la realidad es que desde hace miles de siglos estos textos bíblicos han regido la conducta de numerosos pueblos de judíos y no judíos y han orientado la toma de decisiones importantes y sobre todo en su postura con respecto al tema de las abominaciones e idolatrías que el pueblo podría llegar a considerar como algo normal, como acontece hoy la homosexualidad y sus derivados. Si miramos con detenimiento las distintas expresiones sexuales, que ofrecen los medios de comunicación, con seguridad nos causaría escalofrío, no podemos negar que, la sociedad actual está totalmente descontrolada y enferma. El primer enemigo tanto de las familias heterosexuales y las buenas costumbres son los medios comunicación, en nuestra sociedad posmoderna no existen parámetros de control, ya no hay límites, a cualquier hora del día se puede observar programas de alto voltaje, en el caso de Argentina, los programas de Tinelli, Telenovelas y programas donde se puede observar como por ejemplo: prácticas sexuales entre lesbianas, homosexuales, bisexuales e infidelidades, como algo normal.[124]

4. Esta realidad es la que golpea y envuelve las vidas y las familias en nuestra sociedad y que, como consecuencia, también afectan nuestros hogares cristianas hoy. "Se pueden observar actualmente, aun entre cristianos, notables divergencias respecto a la educación sexual. En el clima presente de desorientación moral amaga el peligro tanto del conformismo que acarrea no leves daños, como del prejuicio que falsea la íntima naturaleza del ser humano salida íntegra de las manos del Creador."[125] Esto nos debe llevar a cuestionarnos ¿Cuál es nuestra actitud ante esta realidad que nos desafía desde lo personal, comunitario y lo pastoral? ¿Existen verdades absolutas sobre estas cuestiones? En la actualidad nos encontramos con distintos enfoques e interpretaciones y de alguna

---

[124] En España se difunde un programa de humor titulado Aquí no hay quien viva, muestra una serie de conductas reprochables como adulterio, fornicación, parejas lesbianas y homosexuales. Donde cada miembro de la comunidad puede tener relaciones amorosas entre ellos, no hay código y ni principio, cada uno saca provecho de todo.
[125] VATICANO, Pontificio consejo para la familia, educación sexual y el amor humano, http://www.vatican.va/roman_curia/pontifical_councils/family/documents/rc_pc_family_doc_08121995_human-sexuality_sp.html

manera, necesitamos encontrar una respuesta o perspectiva bíblica que nos satisfaga y que, a la vez, ayuden a las personas que atraviesan estos conflictos, Tullo Goffi dice: "Nuestra época ha visto caer varias afirmaciones tradicionales éticas... en lo que se refiere a la conducta sexual, no podemos quedar en la situación actual."[126]

3. Las Ciencias humanas y la Homosexualidad: Aportes genético – psico – sociales para una posición evangélica contra la homosexualidad

En esta parte vamos a indagar sobre las siguientes preguntas ¿Cuál es el verdadero origen de la homosexualidad? ¿La homosexualidad se nace o se hace? Como hemos visto desde la perspectiva histórica la homosexualidad es una de las prácticas más antigua de la historia, que sigue causando problemas, divisiones y dolencias en muchas familias y en la sociedad en general: como xenófobos, violencias, exclusión y marginación. Esto se debe a las primeras posturas científicas debido a la incomprensión y los prejuicios existentes contra la homosexualidad proceden de su clasificación como enfermedad en el siglo XIX. El neuropsicólogo alemán Richard von Krafft-Ebing la consideró una 'degeneración neuropática hereditaria' que supuestamente se agravaba por una excesiva masturbación. Sigmund Freud postuló la existencia de una predisposición constitutiva, aunque también destacó el efecto determinante de experiencias durante la infancia (como, por ejemplo, la falta de un progenitor del mismo sexo con el cual poder identificarse) y la frecuencia de experiencias homosexuales masculinas durante la adolescencia, que consideró como desviación sexual. Para Freud los homosexuales ("invertidos", según su expresión) son desviados respecto al "objeto" sexual, pues necesariamente no buscan el sexo opuesto sino su propio sexo.[127]

Otros psicólogos sostienen, como Isay, que la relación con los padres no es determinante en la orientación sexual y que ésta es determinada desde el nacimiento. No es que una actitud de desapego del padre tenga como resultado la homosexualidad del hijo, sino que la homosexualidad de éste da como resultado una actitud de rechazo por parte de aquél.[128] Y Oraison

---

[126] Tullo Goffi, *Ética sexual cristiana,* San Pablo, Ediciones Sígueme. 1974, p. 117.
[127] Sigmund Freud, "Tres ensayos para una teoría sexual", en Obras Completas II, Biblioteca Nueva, Madrid 1973, p. 1172.
[128] Richard Isay, *Essere omosessuali. Omosessualita maschile e sviluppo psichico*, Milano, Raffaello Cortina, 1996, pp. 20 – 32.

cataloga la homosexualidad como una detención en el proceso de maduración de la sexualidad humana, caracterizado por la no-aceptación de lo distinto como fuente de gratificación y complementación. Esto produce una importante limitación a la estructura de personalidad de un homosexual.[129]

Los conductistas aseguran que se aprende a ser homosexual o heterosexual desde los primeros años de vida, según el tipo de experiencias que el individuo haya tenido. Se nace varón o hembra biológicamente, pero se aprende a ser heterosexual u homosexual. Para Ardua la homosexualidad es multicausada y existen muchas clases de personas homosexuales. Para este autor el *aprendizaje en la homosexualidad* juega un rol muy importante, pues se aprende a ser parte de un grupo minoritario y de una subcultura gay, se aprende un estilo de vida y se aprenden conductas homosexuales específicas.[130] Las psicopedagogas Alicia González y Beatriz Castellanos aseguran que: "El homosexualismo, como toda manifestación sexual, es un fenómeno psicológico multivariado y complejo. Existen tantas formas de vivir y expresar dicha orientación como personalidades portadoras de ella. Sólo lograremos que estas personas asuman conductas ajustadas a la sociedad, si propiciamos que su sexualidad se desarrolle a plenitud dentro del contexto de una personalidad armónica".[131]

Además, de la psicología y la pedagogía, hay otras teorías como "la causa hormonal" que asegura que la homosexualidad se da en las primeras semanas de gestación del feto, pues su cerebro es muy sensible a las hormonas que producen sus propios testículos y a las hormonas masculinas que produce la madre. Dependiendo del grado que reciba así se orientará en su vida adulta, asegura Prada.[132] Otros estudiosos de esta teoría han encontrado una alta tasa de estrógenos (homosexuales) y andrógenos (lesbianas), pero Gius desmientes esto argumentando que algunas investigaciones han demostrado que no existe una "correlación significativa" entre desequilibrio hormonal y homosexualidad.[133] Otros

---

[129] Marc Oraison, *El problema homosexual*, Madrid, Taurus, 1976, pp. 20 – 110.
[130] Ardua, 1998, pp. 75 – 78, citado por Prada, "La persona homosexual", *Op., cit.*,
[131] Alicia González, Beatriz Castellanos, *Sexualidad y géneros. Una reconceptualización educativa en los umbrales del tercer milenio*, Bogotá: Magisterio, 2002, p. 128.
[132] Rafael Prada, *Psicoterapia y consejería. Como ayudarse Ud. y ayudar a los demás*, Santafé de Bogotá: Indo-American Press, 1997, p. 119.
[133] Erminio O Gius, *Una messa a punto della Omosessualita*, Torino: Marietti, 1972, p. 55 y ss.

apuntan a una causa genética, aseguran que la homosexualidad se debe a un gen, pero "los genes pueden predisponer más que determinar la conducta homosexual, aclara Prada, y aun cuando los rasgos genéticos y neuroanatómicos parece que se correlacionan con la orientación sexual, la relación causal no está ni mucho menos conocida.[134] "Pero el por qué y el cómo no están bien entendidos." Cree el teólogo metodista Roy May y añade:

> Hay varias teorías, pero hasta ahora no se pueden comprobar, por lo menos como explicaciones generales. Por estas razones, se investiga cada vez más un posible origen biológico; es decir, que la homosexualidad es innata. Algunos investigadores piensan que ciertos centros cerebrales y cierta actividad hormonal explican la homosexualidad, mientras que otros creen haber descubierto un origen genético. No obstante, otros investigadores no avalan el vínculo genético, y aún otros están buscando respuestas en la interacción entre los procesos sociales, psicológicos y los orígenes biológicos. De todas formas, aunque no se sabe cómo, y se debate mucho entre ellos, los investigadores concuerdan en que la orientación sexual, sea homo o hetero, es muy compleja y está profundamente enraizada en los mismos orígenes de la persona.[135]

En el campo religioso cristiano (evangélico y católico) se puede observar distintas posiciones sobre el tema a favor y en contra. Algunos argumentan que el homosexual nace, y otros dicen que se hace. Entonces cual es el verdadero origen de la homosexualidad.[136] Desde el punto de vista de las ciencias humanas demuestra que "la mayoría de informes psicológicos, especialmente los más fiables no indican que el homosexual nace. Pues la mayoría de sus resultados arrojan que el homosexual se hace". En esto esta

---

[134] Prada, "La persona homosexual", *Op., cit.*
[135] Roy H. May, ¿Por qué algunas personas son homosexuales? *En Veinte preguntas acerca de la homosexualidad: Algunas respuestas desde una perspectiva cristiana,* Heredia, Costa Rica: Universidad Nacional, 2005, pp. 10 – 12. También, se puede bajar: http://sintapujos.org/2001/homosexualidad1.htm
[136] Para profundizar sobre el tema, le invito a consultar el suplemento titulado *Por una sexualidad sana: La homosexualidad*, escrito por el abogado y pastor bautista José Luis Cinalli y su esposa Silvia, medica, quienes consideran que la homosexualidad se da por varios factores, a la vez que ninguno de ellos por si solo puede causar homosexualidad, *en el Expositor Bautista,* Año XCVI, # 10 (2004), Año XCVII, # 10 (2005) esta parte nos habla de los mitos en la homosexualidad. Sección suplemento coleccionable.

de acuerdo Francisco Mira, psicólogo y Vicepresidente de la AEE[137], ha declarado que "la mayoría de informes psicológicos, especialmente los más fiables no indican que el homosexual nace. La mayoría de las tesis fiables indican que el homosexual se hace".[138] No se han determinado factores genéticos, aunque hay estudios que sí indican que existen factores que "predisponen hacia el aprendizaje o adopción de conductas homosexuales, como la estructura y las relaciones familiares (relación con los padres, dinámica familiar, padre débil y madre dominante en los varones).[139]

Otros grupos que afirman ser cristianos, desean ser una iglesia inclusiva y no excluyente, realizan las siguientes preguntas y propuestas, tratando de apoyar las prácticas homosexuales como normales, y han tratado de buscar un justificativo bíblico, lo que logran acomodar algunos textos bíblicos a sus deseos y anhelos: ¿Es justo impedir a un homosexual expresar su sexualidad de manera "natural" en la iglesia o en la sociedad? ¿En qué se debe basar para animarlos o desanimarlos a que tengan relaciones sexuales? ¿Es apropiado decirle que se conviertan a Cristo y que vivan como heterosexuales? Si o no ¿por qué? ¿Cuál es la voluntad de Dios para nosotros, seres sexuales? ¿Es diferente si son homosexuales o lesbianas? ¿Qué dice la Biblia al respecto? ¿Cómo debemos responder los cristianos a estas prácticas con tolerancia, amor o inclusión? ¿Es la tolerancia una virtud cristiana que los cristianos hemos olvidado? Estas preguntas serán aborda en el siguiente punto.

4. Biblia y Homosexualidad: Aportes bíblicos para una posición evangélica contra la homosexualidad

Algunos (as) teólogos (as) y biblistas han tratado de obviar el verdadero

---

[137] Alianza Evangélica de España.
[138] Comunicado de la Alianza Evangélica de España ante la cuestión de la homosexualidad y la adopción de niños en España, Barcelona, 10 de enero de 2005, ACPress.net
[139] Dr. Raúl García, psiquiatra infantil y miembro de la Asambleas informe presentado en Iglesiaenmarcha.net (04-2005), citado por Joaquín Yebra, "La homosexualidad: Una perspectiva cristiana evangélica a la luz de las Sagradas Escrituras y los acontecimientos de nuestros días," *Estudio presentando* en la Comunidad Cristiana Eben – Ezer de la villa de Vallecas, Madrid, agosto de 2010, p. 19. [Consultado: 26 abril de 2011]:
http://www.ebenezer-es.org/libros_pdf/LA%20HOMOSEXUALIDAD%20DESDE%20NUESTRA%20PERSPECTIVA.pdf

sentido de lo que afirman algunos textos de la Biblia, acerca de las prácticas sodomitas no aceptada por el pueblo de Israel, siempre han sido considerada abominables a los ojos de Dios. Uno de ellos es Roy H. May (que ya he mencionado arriba), en su libro, especialmente en el numeral 14 se pregunta ¿Qué dice la Biblia acerca de la homosexualidad? Y responde: "casi nada. No hay más de media docena de textos bíblicos que se refieren a la homosexualidad. Ninguno de los Evangelios la menciona, ni la alude. Cuando un texto hace una mención, la hace en forma pasajera e ilustrativa, sin discusión. Su uso es más retórico que teológico. Obviamente, la homosexualidad no es un tema importante en la Biblia. Ciertamente no es una preocupación bíblica central."[140] Pero, no afirma que sea un modelo alternativo válido para la sociedad, si lo menciona es para impedir que se profane los valores y principios de una sociedad llámese judía, griega u otra (en nuestro caso el pueblo de Dios latinoamericano). Tampoco podemos aceptar que los Evangelios tienen más autoridad que el resto de la Biblia, ninguno de sus autores dicen que sus escritos son superiores a la misma Tora o a los profetas. Toda la Biblia es una unidad en si misma, ninguna de sus partes se contradice, pues fue inspirada por Dios. Aunque explícitamente su tema no sea las relaciones sodomitas, pero varios textos como el que sigue que condena estos actos,[141] indica que el mismo es devenir del pecado original, de la vieja naturaleza adámica que necesita un plan de redención también.

May menciona algunos textos como el Génesis 19: 1 – 29 y lo relaciona con el capítulo 18: 20 del mismo libro. El texto nos relata la historia de Lot y sus visitantes, la turba de sodomitas que desean tener relaciones con ellos, Lot que se impone, cumpliendo una de las leyes de todo ciudadano hebreo la ley de la hospitalidad. Una nota en la Biblia de Reina – Valera sobre Gn 19: 7 – 8 explica: "De acuerdo con las costumbres del antiguo Oriente, la obligación de proteger la vida de un huésped era aún más importante que el

---

[140] May, "¿Qué dice la Biblia acerca de la homosexualidad?" Por qué algunas personas son homosexuales? *En Veinte preguntas acerca de la homosexualidad: Algunas respuestas desde una perspectiva cristiana,* Op., cit., pp. 23 – 28.

[141] Algunos grupos religiosos defensores pretenden justificar las prácticas homosexuales, utilizando algunos pasajes de la Biblia, por ejemplo en el que se apoya es la relación de David y Jonatan, 1 Samuel 18, 2 Samuel 1: 26. Pero bien sabemos que ambos eran casados. No solo porque tenían esposas, no hay argumentos serios que demuestre lo contrario, son conjeturas sin peso bíblico ni teológico.

honor de una mujer. Cf, Jueces 19: 23 - 24".[142] Los hombres de Sodoma claramente fueron a la casa de Lot como una turba, con el propósito de cometer violencia contra los visitantes. Muchos estos teólogos y biblistas justifican que fue por este pecado que causó la destrucción de Sodoma, pero, no fue solo por éste, también fue el detonante las practicas sodomitas que Dios decidió exterminar ese lugar. Pues, tanto para la sociedad hebrea como para el autor del texto la homosexualidad no se aceptaba entre ellos, eran un pueblo monoteísta que se diferenciaba de otros pueblos politeístas. Si usted analiza el texto, encontramos el punto central es la homosexualidad. Otra nota aclaratoria que encontramos en la misma Biblia, que hemos citado en esta sección, con referencia a Gn 2: 18.2 dice: "El pecado de Sodoma y Gomorra se identifica habitualmente con la práctica de la homosexualidad (cf. Jud 7). Sin embargo, los profetas lo asocian con toda clase de desórdenes de carácter social. En Isaias 1: 10 – 17; 3: 9, ese pecado es la injusticia; en Jer 23: 14, el adulterio, la mentira y la incitación al mal; en Ez 16: 49, el orgullo, la vida fácil y la despreocupación por los pobres."[143]

Otros textos del A.T, condenan estas prácticas como son Lev. 18: 22; 20: 13; Deut. 23: 17 – 18, que a diferencia de los otros nos habla de hombres y mujeres consagrados a la prostitución, lujurias u otras en honor al dios Baal. Nos llama la atención en estos pasajes bíblicos que "la práctica de la homosexualidad y el bestialismo son consideradas como "abominación" y "depravación" respectivamente, para los integrantes del pueblo del escogido por Dios. Ambos términos tienen una fuerte connotación espiritual y moral, además de indicar una inhabilitación de carácter religioso. Como tales, estas prácticas son propias de los pueblos paganos, que no conocen a Dios, y son expresión de paganismo y desobediencia al Dios verdadero, el Dios del pacto. Además, se reitera varias veces una doble contaminación: la del ser humano y la de la tierra. Es notable la profundidad ecológica de esta observación. Asegura el Dr. Pablo Deiros y continua diciendo, la contaminación espiritual y moral producida por estas relaciones sexuales contra natura ("depravación") no sólo descalifican a las personas para lo religioso ("abominación"), sino que llegan a afectar seriamente a la tierra ("contaminación"). Llama la atención, a su vez, cómo la tierra deja de ser acogedora, proveedora y amiga del ser humano, para transformarse en su enemiga y en la fuente del mayor de los rechazos ("ella los vomitará"), tal como ocurrió según el relato del Génesis

---

[142] Nota aclaratoria de Génesis 19: 23 – 24, Biblia Reina – Valera, Edición de estudio, 1995, p. 47
[143] Ibíd., p. 46.

(Gn. 3.17-19, 23)."[144]

El pecado de Sodoma ha persistido hasta la época del Nuevo Testamento como un pecado gravísimo. La maldición de estas ciudades homosexuales y malvadas no ha perdido su efectividad con el correr de los siglos. "Sus hijos y las generaciones futuras, y los extranjeros que vengan de países lejanos, verán las calamidades y enfermedades con que el Señor habrá azotado esta tierra. Toda ella será un desperdicio ardiente de sal y de azufre, donde nada podrá plantarse, nada germinará, y ni siquiera la hierba crecerá. Será como cuando el Señor destruyó con su furor las ciudades de Sodoma y Gomorra, Admá y Zeboyín" (Dt. 29.22-23). La homosexualidad sólo puede traer desgracia a una sociedad que la celebra y la practica. Como indica Isaías 3: 9: "Su propio descaro los acusa y, como Sodoma, se jactan de su pecado; ¡ni siquiera lo disimulan! ¡Ay de ellos, porque causan su propia desgracia!" (Ver Jer. 23:14; Lam. 4: 6).[145] Usted ve algunos llamados que hace Pablo a sus seguidores Romanos 1: 26 – 27 dice: "Por tanto, Dios los entregó a pasiones vergonzosas. En efecto, las mujeres cambiaron las relaciones naturales por las que van contra la naturaleza. Así mismo los hombres dejaron las relaciones naturales con la mujer y se encendieron en pasiones lujuriosas los unos con los otros. Hombres con hombres cometieron actos indecentes, y en sí mismos recibieron el castigo que merecía su perversión." Muchos biblistas y teólogos posmodernos "consideran que estas palabras paulinas de alguna manera hacen una referencia a la manera en que el SIDA ha afectado de manera particular a la población homosexual. Pero también se habla de muerte espiritual como resultado de la práctica homosexual: "¿No saben que los malvados no heredarán el reino de Dios? ¡No se dejen engañar! Ni los fornicarios, ni los idólatras, ni los adúlteros, ni los sodomitas (homosexuales), ni los pervertidos sexuales, ni los ladrones, ni los avaros, ni los borrachos, ni los calumniadores, ni los estafadores heredarán el reino de Dios" (1 Co. 6.9-10; ver Ap. 22.14 – 15)."[146]

A lo anterior, podemos añadir dos textos, que confirman las prácticas pervertidas de los habitantes de aquellas ciudades: 2ª Pedro 2 : 6 – 8: "El Señor condenó por destrucción a las ciudades de Sodoma y de Gomorra, reduciéndolas a ceniza y poniéndolas por ejemplo a los que habían de vivir impíamente, y libró al justo Lot, abrumado por la nefanda conducta de los malvados (porque este justo que moraba entre ellos, afligía cada día su alma justa, viendo y oyendo los hechos inicuos de ellos). Judas 7: "Como

---

[144] Deiros, "El pecado de la homosexualidad, primera parte", *Op., cit,*
[145] Deiros, "El pecado de la homosexualidad, segunda parte", Op., cit.
[146] Ibíd.,

Sodoma y Gomorra y las ciudades vecinas, las cuales de la misma manera que aquéllos (v. 6: 'los ángeles que no guardaron su dignidad, sino que abandonaron su propia morada'), habiendo fornicado e ido en pos de vicios contra naturaleza, fueron puestas por ejemplo, sufriendo el castigo del fuego eterno." Estos textos tienen suficiente base para que quede manifiesto que el pecado de aquellas "ciudades – soberbia, saciedad de pan, abundancia de ociosidad e insolidaridad con los desposeídos – alcanzó su culminación en la perversión sexual que Dios llama "abominación".[147]

Muchos interpretes posmodernos con sus astucias pretenden hacernos creer que ser una iglesia inclusiva es permitir cambiar los principios y doctrinas por un plato de lenteja, apelando a falacias y burdas ideologías que en el fondo quieren subyugarnos y hacernos caer en una tolerancia pasiva donde solo predomina el sujeto minoritario, se creen los defensores de la licitud de la homosexualidad dentro de la praxis cristiana.[148] Al respecto Deiros nos aclara y nos desafía: "Las opiniones que se escuchan son las más diversas, y quienes opinan y sacan conclusiones no siempre parecen tener la autoridad moral y espiritual necesaria para dar credibilidad a lo que dicen. De todos modos, más de una vez, las voces que se escuchan son las de verdaderos monigotes morales, cuya escala de valores no es más que una pobre peluca con la que pretenden tapar su calvicie espiritual y ética. No obstante, al señalar estas observaciones, debemos admitir nuestro propio pecado de silencio irresponsable como hijos de Dios. Los cristianos, las más de las veces, no hemos hablado frente a este tema de debate ni hemos expresado lo que con claridad meridiana enseña la Biblia, la Palabra de Dios. Por cierto, no pretendemos en esta nota agotar la cuestión ni responder a todos los interrogantes. Mucho menos será posible atender a las cuestiones jurídicas y muchas otras aristas del problema. Pero sí

---

[147] Yebra, op., cit., p. 20.
[148] Entre estos defensores están Alison James, John Boswell, el pastor luterano argentino Lisandro Orlov, James B Nelson, Walter Wink, entre otros. También, hay iglesias que están avalando estas prácticas como la Iglesia Anglicana, quien aprobó el primer obispo homosexual el 6 de agosto de 2003. Le siguen la Iglesia Luterana Unida, u otras. Estas comunidades han producido una serie de folletos y libros para hacer sentir a sus feligreses homosexuales que su estado no es una enfermedad sino un don dado por Dios en virtud de su amor, ellos se consideran el eros de la iglesia, como afirma el teólogo anglicano Oliver O' Donovan en su artículo Contribuciones Gay a la Ética cristiana sexual. Los folletos para consultar son: La homosexualidad, seis estudios, Estudio sobre la homosexualidad y la iglesia (traducidos del inglés), Ministerio de las ovejas del otro redil Tomas Hamks y esto ha dado el surgimiento de la Iglesia de la comunidad Metropolitana.

queremos, a la luz de la Biblia, entender cuál es la verdad acerca de la homosexualidad, y luego, ver cómo superarla desde una perspectiva cristiana."[149]

Ahora, llegamos a la parte final de nuestra ponencia ¿Cuál debe ser nuestra respuesta cristiana normativa al problema de la homosexualidad, el matrimonio gay y adopción de niños? ¿Puede ayudarnos la Biblia a responder normativamente ante estos problemas cruciales? Si "Mujeres lesbianas y hombres homosexuales están ahora presentes en nuestras congregaciones, escuelas, lugares de trabajo y en nuestro barrio, nuestro vecino. La mayoría de nosotros no sabemos quiénes son. Si comentamos algo sobre la homosexualidad que condene a lesbianas y homosexuales en general como inmorales, quizá estemos ofendiendo y enajenando a esa persona próxima de nosotros, implicando que la orientación sexual de la persona determina su carácter." ¿Cuál debe ser nuestra postura cristiana hoy? ¿Cómo debe actuar la pastoral y la iglesia frente a estos grupos y manifestaciones? Son preguntas claves a la hora de enfrentar estos problemas, que son fáciles de responder, pues implica ajustarnos a los nuevos cánones jurídicos. Pero, tampoco podemos callar ante la realidad, pues el avance de las malas ideologías se debe al silencio de los buenos. Respuestas que daremos al final, pero ahora daremos al trato de la ley del matrimonio a la brevedad.

5. Aporte al dialogo sobre la Ley de matrimonios de personas del mismo sexo CON POSIBILIDAD DE ADOPCIÓN DESDE LO JURIDICO

En este último punto queremos aportar algunas ideas para el dialogo desde lo jurídico, pues el tema ha generado una fuerte discusión entre los juristas y religiosos con relación al matrimonio de parejas del mismo sexo. Además, ha generado enfrentamientos entre civiles creyentes y no creyentes, a las colectividades de homosexuales, lésbicas y transexuales que toman banderas de lucha por los derechos humanos, esto ha generado un caos, miedo, marginación y xenofobia.[150] De esta situación se lamenta José Rafael Prada, en palabras de Ardua:

"Las parejas homosexuales no tienen derecho al apoyo jurídico que tienen las parejas heterosexuales: si uno de los miembros de la pareja muere,

---

[149] Deiros, "El pecado de la homosexualidad, segunda parte", Op., cit.

[150] Los que desean saber más sobre el problema le invito a consultar el libro *Sexualidades, política y violencia. La marcha del orgullo GLTTBI*, Buenos Aires, Editorial Antropofagia, 2006, Segunda edición.

el otro no lo hereda automáticamente; no pueden – en la mayor parte del mundo – adoptar hijos como pareja homosexual, aunque puedan hacerlo como personas solteras; el sistema de seguridad social no los cubre, mientras que sí lo hace con el compañero heterosexual, aunque esto también está cambiando en muchas partes. Además, la sociedad mayoritaria no los acepta como pareja, mientras que sí los acepta la comunidad homosexual."[151]

Desde los últimos años del siglo XX y comienzo del siglo XXI estas minorías han venido ganando espacio; se han preparado para ello, dentro de sus defensores hay juristas, filósofos, artistas, teólogos, directores de cine, etc. Han invertido en materia de legislación, lo que ha permitido cambiar las normas jurídicas amparándose a los derechos de las minorías... Debido a esto, muchos países del primer mundo como Dinamarca, Noruega, Suecia, Islandia, Hungría, Holanda, España u otros, y algunos países de pueblos emergentes como Colombia, México, Argentina, permiten el matrimonio homosexual, mientras que la Iglesia cristiana (católica y protestante) es contraria. En el caso de la iglesia cristiana protestante ha hecho manifestaciones populares y ha escrito documentos en lo que deja sentado su inconformismo y posición negativa a tal reconocimiento. Ejemplos de ellos son Alianza Evangélica de España (AEE)[152], CEDECOL, Colombia, la ACIERA y FECEP en Argentina u otras, que por espacio no lo mencionamos. A pesar de sus manifestaciones en contra de tal norma, los gobiernos han aprobado tales uniones y a la vez recomienda a la sociedad civil y religiosa a reconocer "las relaciones no conyugales, tanto de homosexuales como de heterosexuales, con los mismos derechos que las conyugales y se diera a los homosexuales idénticos derechos de matrimonio y adopción de hijos que se daban a los heterosexuales."[153]

La iglesia cristiana (evangélica y católica), ante este problema de la homosexualidad, entendiendo su rol y lo difícil de posicionarse ante las decisiones gubernamentales de abrir la puerta legal al matrimonio de parejas del mismo sexo y a la posible adopción de menores. Sin embargo, la iglesia cristiana, en palabras de AEE aclara, que el "matrimonio heterosexual y la pareja homosexual son hechos y conceptos claramente diferentes", sin que crean que exista "un derecho civil al matrimonio homosexual" ya que el

---

[151] Ardua, 1998, p. 120, citado por Prada, "La persona homosexual", *Op., cit.*
[152] La AEE es la entidad interdenominacional evangélica española de mayor antigüedad (127 años). Es miembro de las Alianzas Evangélicas Europea y Mundial, y una referencia básica en el pensamiento y la teología protestante española. Según el portal http://www.elatrio.net/noticias/nacional.htm#1
[153] Prada, ibíd.

matrimonio es en sí una institución heterosexual. Tras reconocer que el Estado tiene el derecho y la enorme responsabilidad de legislar (para bien o para mal) la AEE añade que "que la legalidad no significa legitimidad moral, y en este sentido entendemos y manifestamos que la ética cristiana concibe la sexualidad humana dentro del ámbito de la relación matrimonial heterosexual. Cualquier sexualidad que quede fuera de esta esfera entendemos que es contraria a la ética cristiana y al diseño de Dios como creador de esa sexualidad".[154]

Ahora bien, en cuanto a la ley civil, algunos distinguen una legislación para la gran mayoría heterosexual, que defendería el bien común, y otro tipo de legislación de tolerancia o excepción para la minoría homosexual. Sugiere Prada[155], lo mismo creé, Botero: "Tengamos presente que lo legal no siempre es moral, y que las estadísticas no son criterio objetivo ético. Se puede tolerar (la homosexualidad) como "un mal menor": es preferible tolerar este hecho social con tal de evitar que el mal se difunda dentro de la comunidad como escándalo, como perversión de otros. Para estas personas, como nota el Angélico (Tomas de Aquino)[156], en un caso particular lo que es antinatural se hace natural por razón de una corrupción de la naturaleza existente en dicho caso".[157] Esto mismo pedía el teólogo biblista presbiteriano Juan Stam a las iglesias cristianas no solo de Costa Rica sino en general a una moratoria, por lo menos a dejar tranquilo a los homosexuales y que nos dediquemos a otros temas mas importantes y mas evangélico. "¡Una moratoria de diatribas homofóbicas, nada de ataques e insultos, nada de marchas populacheras! Un descanso, para volver a respirar aire fresco. Y de hecho, la causa anti-homosexual no perderá nada, porque la jerarquía católica y las grandes mayorías homofóbicas de nuestros países se encargarán de proteger la patria y la familia."[158] Y agrega:

---

[154] Pueden leer la Nota de prensa completa de la Alianza Evangélica de España (AEE) en: www.protestantedigital.com/documentos/comunicados/AEEhomo.htm

[155] Prada, "La persona homosexual", *Op., cit.,*

[156] Santo Thomas de Aquino. I – II, q. 31, a. 7, Citado por Silvio Botero, La sexualidad humana, el lenguaje del amor. Ambigüedad y misterio, Bogotá: San Pablo, 2001, p. 135 y ss.

[157] Botero, ibíd.

[158] Juan Stam, "Propongo una moratoria", *en Lupaprotestante,* 11 de julio del 2010, [Consultado: 10 de mayo de 2011]: http://www.lupaprotestante.com/index.php?option=com_content&task=view&id=2184&Itemid=1

5. Propongo que durante este período de moratoria nos dediquemos a analizar con calma este tema, dispuestos con humildad a juzgar nuestros propios pecados, pues el juicio debe comenzar en la casa de Dios. Debemos analizar mucho más a fondo los aspectos bíblicos de este tema (exegéticos y hermenéuticos), que tienen sus bemoles muy importantes. Nos haría mucho bien recordar que los mismos pasajes denuncian la avaricia (¡los avaros no entrarán al reino de Dios, pero sí en las iglesias!)... Otras preguntas que requieren un análisis imparcial son: ¿es congénita la homosexualidad en algunos casos, y cómo afecta eso el tema? ¿Cómo afecta la homosexualidad, positiva y negativamente, a ellos mismos, comparado con el matrimonio heterosexual? ¿Amenazan estas prácticas a la familia y la sociedad? ¿Cómo? Confieso que no tengo respuestas a estas preguntas, pues hasta ahora no me convencen los argumentos ni de un lado ni del otro.
6. Una pregunta fundamental: ¿Qué significa el mandamiento de amar, el gran mandamiento de la ley, para este tema? Muchas iglesias evangélicas ahora se conocen más por su aparente odio contra otros grupos que por su amor cristiano. Con la moratoria que propongo, la iglesia evangélica podría volver a ser conocida como la comunidad de amor en Cristo y no como un enemigo más de otro sector social ¡Qué lindo sería! Me parece que hoy la iglesia está enferma con fiebre, y necesita reposo para bajar la calentura. Esta guerra homofóbica está haciendo mucho daño a nuestras iglesias. Es hora para una tregua. Sería muy saludable y nos haría muchísimo bien. ¡Qué lo permita Dios!

Siempre nos quedarán preguntas: ¿Qué hacer con un homosexual que quiere vivir una relación en pareja? ¿Aconsejarle casarse como heterosexual? Moralmente no se puede. ¿Dejarlo que viva solo? No parece humano. Ello indica que hace falta una reflexión más profunda de la ciencia y de la Iglesia sobre el tratamiento de excepción. Llegamos a lo que es más lógico en toda ponencia mi aporte personal al dialogo, con eso concluyo esta ponencia.

6. APORTE PERSONAL DE UN TEOLOGO Y PASTOR BAUTISTA LATINOAMERICANO

Después de haber disertado sobre el problema de la homosexualidad, desde la historia, las ciencias humanas y lo jurídico, me parece más lógico dar mi opinión al problema que ayude al dialogo en nuestras comunidades cristianas. Mi opinión no quiere decir que sea una verdad absoluta, tampoco representa la opinión de mi denominación Bautista, pues cada miembro bautista sabe que dentro de nuestras normas y principios esta el libre pensar, el pensar implica el contexto en que cada uno se mueve y convive (fundamentalistas neopentecostales (Renovados, visionarios, apostolados y proféticos), conservador o progresista), por eso es difícil que dos bautista se pongan de acuerdo, pues siempre ha sido así en sus orígenes, para evitar caer en estos bandos apelo al principio kantiano del punto de equilibrio, que después fue usado en las ciencias económicas, eso es lo que pretendo hacer al dar mi aporte personal.

Si la homosexualidad fuera producto del nacimiento, la Biblia no la condenaría, pero como hemos visto la condena, la considera algo desagradable a los ojos de Dios (abominación) porque es algo que se aprende, al homosexual no se lo define por lo que es, sino por lo que hace: mantiene relaciones sexuales con personas de su mismo sexo. Acentúa, los autores Cinalli.[159] Añade José Rafael Prada, "la homosexualidad no tiene una etiología clara y suficientemente comprobada. En ella intervienen factores biológicos, psicológicos, genéticos y culturales. Aunque los factores genéticos y biológicos están presentes en la mayoría de los casos de homosexuales, pero no determinan, sino que predisponen al estilo de vida homosexual o conducta homosexual."[160] Es decir, una persona tiene práctica homosexual porque así lo decide.

La homosexualidad no es una enfermedad, no necesita de un tratamiento médico ni psicológico, tampoco es una desviación sexual o posición diabólica, puede encontrarse caso de personas que hayan sido producto de magia negras, maleficio. Los mismos homosexuales piden no ser discriminados, pues han asumido este estilo de vida. Cuyo estilo no solo es contrario a la voluntad de Dios, sino que atenta contra los planes y propósitos que Dios tiene la humanidad: la de generar la especie humana en el planeta, la homosexualidad, en cambio, es una sexualidad estéril, "destruye el potencial creativo de la sexualidad humana. Atenta contra la vida y lejos de producir vida, como indicamos, acarrea muerte. Es decir, es un pecado individual que termina por condenar a la sociedad."[161] Desde "Las primeras páginas de la Biblia, en Génesis 1:27, nos enseña que Dios creó al ser humano "hombre y mujer, no homosexual o lesbiana." En este mismo libro sagrado, también nos habla de la unión matrimonial entre el hombre y la mujer "en una sola carne" (Gn 2:24) y abierta a la vida (Gn 1:28). El homosexualismo no lleva a cabo ninguno de estos dos valores

---

[159] José Luis y Silvia Cinalli, "La homosexualidad y sus mitos", *en Revista el Expositor Bautista,* año XCVII # 2 (2005), pp. I - III
[160] Prada, "La persona homosexual", *Op., cit.*
[161] Deiros, "El pecado de la homosexualidad, segunda parte", Op., cit.

inherentes a la sexualidad humana, tal y como Dios la creó: la unión heterosexual en el matrimonio y la procreación. A la luz de esta visión del hombre y la mujer, hay otros 44 pasajes bíblicos que, directa o indirectamente, condenan las prácticas homosexuales como un pecado grave."[162]

En toda la historia de la humanidad la especie humana se ha desarrollado en el contexto del matrimonio entre un hombre y una mujer. Cuando los homosexuales piden igualdad, al hablar de igualdad, sugiere ACIERA, "hay que hacerlo con detenimiento y responsabilidad. Toda forma de discriminación es absolutamente repudiable, pero eso no indica que cada reclamo de igualdad posea legitimidad de origen. Si el Código Civil, en acuerdo con la naturaleza, la historia y la Constitución Nacional, ha establecido que el matrimonio está constituido por un hombre y una mujer, es imposible hablar de IGUALDAD para el matrimonio homosexual. De la misma manera que es IMPOSIBLE hablar de igualdad en el matrimonio entre un padre y una hija, entre dos hermanos o entre un adulto y un menor. Si hoy se pretende romper el límite de la sexualidad del matrimonio, ¿que impedirá mañana destruir los demás límites como los de la consanguinidad, la cantidad de sus miembros o la mayoría de edad? Reclamar la igualdad entre personas del mismo sexo para unirse en matrimonio y adoptar menores, no se basa en principios naturales sostenidos ni por el orden legal vigente, ni por la ciudadanía, ni observados en ningún proceso en la historia de la humanidad. Oponerse al matrimonio homosexual no es discriminar.

Todas las instituciones sociales poseen condiciones de accesibilidad que las definen y diferencian de las demás. Como es lo tiene el matrimonio heterosexual desde el concepto natural, bíblico, biológico, sociológico, psicológico, etc."[163] Por eso, apelamos que se busque otro término como en Colombia que la Corte Suprema de Justicia se acogió a las peticiones tanto del clero católico, evangélico y los feligreses, decidió la unión civil entre

---

[162] Damy Ferreira, la homosexualidad y la Biblia, *en O Jornal Batista,* Traducido por Michel E. Eustache. Y reproducido por el periódico *Luminar Bautista*, Venezuela, 1994. [Consultado: 15 de mayor de 2011]: http://www.vidahumana.org/vidafam/homosex/biblia.html

[163] ACIERA, FECEP (Federación confraternidad evangélica Pentecostal), Carta abierta a todos los argentinos Proyecto de Ley que habilita el casamiento de parejas del mismo sexo CON POSIBILIDAD DE ADOPCIÓN, 2010., pp. 1 – 4, [Consultado: 20 de Mayo de 2011]: http://www.aciera.org/CARTA%20ABIERTA%20A%20TODOS%20LOS%20ARGENTINOS.pdf

personas del mismo sexo, para evitar también define su esencia por las condiciones de sus integrantes. Un matrimonio civil con personas del mismo sexo deja de ser matrimonio.

¿Cuál debería ser nuestra postura cristiana hoy? La realidad es que se nos hace difícil asumir una postura determinada y puntual frente a esta problemática, relacionada al comportamiento sexual. Nosotros como cristianos no debemos adoptar un rol de justiciero tampoco condenatorio, que nos lleve a vivir un fundamentalismo o espiritualismo no razonado, queriendo transformar a todo homosexual o lesbiana. Debemos aprender a convivir con ellos, hay muchísimos en la sociedad y en el entorno donde nos movemos, aunque convivimos, compartimos con ellos, no consentimos su estilo de vida. Amamos su ser, pero no su conducta sexual. Lo mismo lo haría Jesús en nuestro tiempo, porque él ama el pecador, aborrece su pecado. Esto nos ayudará a vivir libre de la xenofobia, la discriminación. Ahora si quieren ser miembro de nuestras iglesias deberán someterse a nuestros principios de fe y práctica, eso implicará que ellos deberán abandonar su práctica homosexual, porque se opone a nuestros principios que rigen nuestra comunidades de fe. Así como el mentiroso, adúltero, fornicario, chismoso, ladrón dejó esas prácticas lo mismo deberá hacerlo el homosexual, el bisexual, el trans u otro. Todo esto implica un proceso de ayuda espiritual, sobre todo divina, pero solo a partir del deseo sincero del homosexual o lesbiana u otro por el cambio.

Finalmente, **¿CÓMO DEBE ACTUAR LA PASTORAL, LA IGLESIA FRENTE A ESTOS GRUPOS?** Creemos que la Iglesia debe tener apertura para recibir a todas las personas que llegan con necesidades, como lo hizo el Señor, Dios expresa su amor por todos, y lo recibe tal como son. Pero cuando una persona llega Dios, y le entrega su vida, allí comienza una nueva manera de vivir. El Dios que nos creó es capaz de transformarlos completamente, la Palabra declara "nada hay imposible para Dios". En todo esta ponencia hemos comprendido que el homosexualismo y el lesbianismo, no son enfermedades sino comportamiento que el hombre o la mujer adopta, como consecuencia o resultado de experiencias o daños recibidos desde la infancia. Otros realizan tales prácticas por tener una vida mental desordenada, y por qué no decirlo, por la influencia diabólica que lleva a las personas a ese nivel de degradación. Es decir, es un pecado y puede abandonarse. Para lograr esto, necesitamos es capacitar a la iglesia ya que no está preparada para recibir y ayudar a estas personas. Deberíamos tener grupos especializados para contener, apoyar y restaurar a estas personas.

Ahora bien ¿**Cuál debería ser los pasos a seguir?** Creemos que las iglesias deberían tener grupo de hermanos capacitados psicológica y espiritualmente para examinar, ayudar y acompañar a estas personas en su peregrinar hacia su recuperación plena. Si observamos la Biblia en su totalidad, podemos ver a un Dios que trata de ayudar, perdonar a las personas en conflicto. Es verdad que Dios no puede convivir con el pecado, pero resalta en el texto un amplio énfasis en el perdón y retrucaron. Frente a la realidad de la llegada a las congregaciones de personas que vivían en el homosexualismo o lesbianismo, hay que recibirlo con el amor del Señor, pero ayudarlo a experimentar el cambio que solo puede venir de parte de Dios. De igual manera habría que proceder con los que practican el sexo fuera del matrimonio. Nada se justifica delante del Señor, pero deberíamos actuar con misericordia, así como el Señor tuvo con nosotros.

6 LOS EVANGELICOS Y LA VIOLENCIA EN AMERICA LATINA ¿QUÉ PODEMOS OFRECER NOSOTROS LOS CRISTIANOS EVANGELICOS PARA QUE HAYA PAZ? ESTUDIO DE CASO: COLOMBIA

Carmen Lapacó, representante de Madres de la Plaza de Mayo, dijo: "Quienes cierran los ojos al pasado, se convierten en ciegos para el futuro."[164] Pensar en lo que creo, en mi teología bautista, en mis valores, en la historia sangrienta de mi Colombia, es hacer memoria del pasado, Colombia es un país que ha vivido más de un siglo bajo el olor de la muerte, sus ríos y costas han llevado un sin números de cuerpos inertes, de seres inocentes que se han convertido en carne de cañón de los grupos armados. Pensar en mi historia, es pensar lo que vivió mi familia, mi padre fue asesinado por la guerrilla colombiana, aunque para mí fue una experiencia personal y dolorosa, que nadie le importó, pensaba, pero al transcurrir el tiempo se ha convertido en una experiencia colectiva de exterminio (…). Esto se ha convertido en un trauma social que sobrepasa los límites del dolor familiar y Lilian Llanes[165] agrega: "entonces la identificación del dolor no es solo de aquellos que perdieron a un ser querido…" yo agrego sino de aquellos que conviven en el día a día con el terror de convertirse en la próxima víctima.

Muchos colombianos y colombianas de diferentes clases sociales, religiosas y opción política fueron secuestrados y sometidos a vivir en condiciones infrahumanas por un grupo de maleantes, asesinos a sueldos y narcotraficantes. Vivieron sometidos a horrendas torturas ideológicas, algunas mujeres fueron condicionadas a mantener relaciones sexuales con los líderes de estos grupos guerrilleros, con la prebenda de mantenerlas con vida, de esas relaciones infructuosas nacieron niños, niñas, que hoy llamamos los hijos de la guerra. Todo esto llevó a un millón de colombianos

---

[164] Fragmento de las palabras de Carmen Lapacó, representante de Madres de la Plaza de Mayo, *en Proyecto Parque de la Memoria,* gobierno de la ciudad de Bs. As, Argentina, 2003, p. 14

[165] Lilian Llanes, curadora, miembro del Jurado del concurso de Esculturas. *Parque de la Memoria*, gobierno de la ciudad de Bs. As, Argentina, 2003, p. 14.

(hombres y mujeres) que claman por la libertad de todos los secuestrados, este clamor viene desde el siglo pasado, que nos invita a hacer una relectura del pasado. Cuando uno estudia la historia de las revoluciones y movimientos golpista en América latina, los estragos que deja estas guerras violentas no se pueden borrar. Dentro de este contexto de las revoluciones participa, también Colombia, cuando el año 1948 fue asesinado el líder populista Jorge Eliécer Gaitán, desatándose la violencia político – religiosa hasta 1955 cuando el General Rojas Pinilla asumió el poder. Acerca de este periodo nos dice Enrique Dussel:

"(...) Hubo unos 200.000 muertos, los liberales mataban en recuerdo de Gaitán y por la libertad, los conservadores por Cristo Rey... la oligarquía gobierna entonces de espalda a la mayoría popular, sobre la que se ejerce la violencia de la opresión. La predica de los que defienden la revolución subversiva violenta, que toman como ejemplo a Fidel Castro, logra organizar la "Guerrilla" (término originariamente campesino y no revolucionario) y de bandas dispersas se pasa a institucionalizar la revolución."[166]

En esta serie de acontecimientos y en especial el aumento en nuestro país de movimientos revolucionarios armados (FARC – EP, ELN, AUC, Narcotráfico u otros), que buscan cambios socio – políticos mediante la fuerza, la revolución. Junto con esto el surgimiento del gobierno que mediante la fuerza coercitiva logran mantenerse como tales, estableciéndose así el antagonismo entre revolución y represión, ambos usufructuarios de la violencia (como el caso en Venezuela), es lo que ha motivado al autor de este ensayo a repensar teológicamente la crisis de violencia que vive Colombia ¿Qué podemos ofrecer nosotros los evangélicos para que haya un cese al fuego? ¿Es lícito que un cristiano se arme para hacer frente a la inseguridad...?

LA VIOLENCIA EN COLOMBIA

La violencia en Colombia no es un problema de ahora, como veremos en este punto, ha estado presente en todo el siglo XX, con características muy diferente. Al respecto, Arturo Alape dice que:

---

[166] Enrique D, Dussel, Historia de la iglesia en América Latina, Nova Terra, Barcelona, 1974, p. 55.

"La violencia dominó en los orígenes los partidos políticos que empezaron en la pugna entre seguidores de Santander y los seguidores del libertador Simón Bolívar por los años 1829 y 1830. Los bolivarianos defendían el centralismo, el ejecutivo fuerte, las libertades moderadas, la estabilidad de las instituciones. Los santanderistas eran partidarios del federalismo, de las libertades absolutas y del Estado laico. Más tarde en 1848, basados en estos antecedentes, formularon de manera concreta, los principios del partido conservador. Lamentablemente todos estos antecedentes están mezclados de hechos violentos. Recordemos la conspiración septembrina donde los amotinados se propusieron dar muerte al Libertador. Posteriormente el asesinato del mariscal Sucre. El general Santander, de alma dura, a quien en víspera del fusilamiento del teniente Manuel Anguiano, su madre dirigió una carta con la que conmovería hasta una piedra y sin embargo fue uno de los fusilados."[167]

Malcolm y Gaitán en su libro, también, nos comparten un resumen de lo que ha sido los antecedentes históricos de esa ola de violencia que ha vivido sumergida Colombia y que se extiende a los comienzos del siglo XXI:

"Entre la independencia y 1902 hubo nueve guerras civiles nacionales, de las cuales la llamada de los Mil Días (1889 – 1902) fue de altísima intensidad. En total, entre 1821 y 1902, el país estuvo 18 años en guerra. En el solo periodo que abarca la vigencia de la Constitución Federal de Rionegro (1863 – 1885) se promulgaron cuarenta y dos constituciones de los llamados estados, cada uno fruto de pequeñas revueltas armadas."[168]

En todas estas guerras civiles ha estado un estímulo la violencia como instrumento esencial de las luchas y prácticas políticas, que después de lograr la independencia, continuará como ingredientes de los movimientos revolucionarios u otros. Vale notar que cada siglo se inicia con una guerra y termina con otra, por el ejemplo la guerra civil de los Mil Días que concluye 1902, dejando un saldo de más de 100.000 muertos.[169] En palabras de Galán podemos decir que la violencia se debe al sectarismo político, el espíritu hegemónico de los partidos y el fanatismo. Los antecedentes se remontan a

---

[167] Arturo, Alape. *La paz, la violencia: Testigos de excepción.* Santafé de Bogotá, Planeta, 1985, p. 33.
[168] Deas, Malcolm. Fernando Gaitán. *Dos ensayos especulativos sobre la violencia en Colombia.* Santafé de Bogotá: Tercer Mundo, 1995, p. 199.
[169] Arturo, Alape, citado por Miguel Bedoya Cárdenas. *Una propuesta bíblica para la iglesia en zonas de violencia,* Medellín: Seminario Bíblico de Colombia, Tesis de licenciatura en Sagrada Teología, 1998, p. 5.

los años 30 cuando la caída del partido conservador generó conflictos sangrientos en algunas regiones de Colombia. En la década de los 40 se radicalizaron los procesos políticos, porque el contexto social y económico se volvió más complejo, que se agudizó entre 1946 y 1947 (...).[170]

Durante los años cincuenta significó el enfrentamiento entre liberales y conservadores. La violencia en Colombia tiene en sus luchas un origen político, social y religiosa. Recordemos que la historia de Colombia entre 1930 y 1950 se caracterizó por una gran agitación política, social y religiosa. Cuando los liberales estaban en el poder, conocida como la Republica liberal (1930 – 1946), en especial en el gobierno de López Pumarejo realizó una series de reformas como la legalización de los sindicatos, la libertad de cultos, libertad de enseñanza y una reforma agraria. Estas reformas no solo inquietaron a la iglesia católica, que ha sido la aliada al partido conservador, en cambio los evangélicos optaban por el proyecto del partido liberal, (en pocas palabras la iglesia evangélica veía con buenos ojos estas reformas) y a los terratenientes que veían afectados sus intereses, y a la clase obrera y campesina, porque las consideraban insuficientes.

Pero, con el retorno de los conservadores al poder estatal (1947 – 1953), el país vive un momento cruel conocido como la violencia, que se desata con la muerte del líder populista Jorge Eliécer Gaitán el 9 de abril de 1948, que significó la desaparición del único líder popular que interpretaba la inconformidad, la opresión de los marginados: la clase obrera, los campesinos, los líderes y pastores de diferentes credos, la de miles de niños, mujeres y hombres que quedaron señalados por ese proceso de descomposición social (...). Dos días antes de su asesinato había tomado la decisión de estar al lado de los marginados (los pobres, los campesinos, los obreros, los evangélicos u otros) y luchar por sus derechos: de una vida digna y en paz; el 7 de febrero se realizó una gran manifestación con gentes excluidas y marginadas por diferentes creencias y opción política, que desfilaban en silencio, con banderas enlutadas por las calles de Bogotá y se congregaron en la plaza, allí se levantó como un profeta del A.T., a la altura de Amós, Gaitán se dirige al primer mandatario que detenga la persecución y los asesinatos: "Impedir señor Presidente, la violencia. Solo os pedimos la defensa de la vida humana que es lo menos que puede pedir un pueblo."[171]

Los cobardes pensaron que acabar con su líder populista, el pueblo se resignaría. Pero, ninguno previó sus consecuencias. Su voz era el grito de un

---

[170] Luis Carlos Galán, citado por Germán Guzmán *etal*, *La violencia en Colombia*, Bogotá: Tercer Mundo, 1962, p. 28.
[171] Guzmán, ibíd., p. 36.

pueblo que sin pastor, que al ver su vocero caído, recordó sus palabras: "Si avanzo, seguidme; si retrocedo, empujadme; si os traiciono, matadme. Si muero vegadme." Estas palabras dieron lugar a una guerra civil. De todos los rincones del país comenzaron a llegar noticias de asesinatos a gran escala. Esta violencia fue una expresión de inconformismo económico, social, político y religioso que venía manifestándose en el país desde las primeras décadas del siglo XX. Como afirma Antonio Caballero: "Durante los gobiernos conservadores de agosto de 1946 a junio de 1953. Fueron años dolorosos y sangrientos: Hubo decenas de millares de muertos; la sublevación campesina y los incendios, la represión sindical; la persecución a los protestantes. También, hicieron su aparición las guerrillas (…)."[172] A todo esto hay que añadirle, como hoy, las bandas armadas al servicio del estado (parapoliciales y paramilitares), que se expresó en genocidio, destrucción de pueblos enteros, asesinatos de niños, líderes de otros credos y mutilación de cadáveres: un segundo holocausto.

Desde los sesentas el foco está en las guerrillas de tendencia comunistas. Los grupos guerrilleros que han surgido se deben al descontento de la clase marginada por la oligarquía, como afirma Andrés Fernando Ruiz, en palabras de Russell W. Ramsey:

"Es una respuesta popular a la violencia existente de los ricos y poderosos. Desde los tiempos de la colonia las protestas y rebeliones populares han sido reprimidas a sangre y fuego. El que haya leído *Cien Años de Soledad* de Gabriel García Márquez, sabe que incontables guerras civiles siguieron a la represión de la oligarquía. Oficialmente, estas guerras son interpretadas como conflictos entre el Partido Conservador y el Liberal. Pero mucho más que esto fueron guerras motivadas por las desigualdades sociales donde las dirigencias bipartidistas se aprovechaban para extender su poder.[173]

Así surge la lucha armada en Colombia "como expresión de los conflictos sociales que surgen de la lucha entre liberales y conservadores, campesinos e indígena contra los terratenientes, pero lo importante de este último grupo es "el hecho que en varias partes del país surgen grupos campesinos independientes que se defienden contra el terror de los poderosos. Entonces, podemos afirmar que "ellos son la primera célula de la guerrilla

---

[172] Antonio, Caballero, *Historia de Colombia,* Bogotá: Salvat, p. 1695.
[173] Ramsey, Russell W. "Historia del Movimiento Insurgente en Colombia". *En Colombia Popular* Servicio informativo del movimiento insurgente colombiano, Bogotá, 1982.: http://www.nodo50.org/llar/cosal/colomba/col16.htm [Consultado: 17/02/09].

colombiana de hoy."[174] Junto a este movimiento surgen las famosas Autodefensas campesinas, que nace en los años 40 y 50 al servicio de la oligarquía "que da vida al Frente Nacional. "Mientras que los dos partidos grandes van rotando en el gobierno, crece la resistencia de abajo. En el campo se mantiene el poder de los campesinos autoorganizados que crean Repúblicas Independientes." Asegura Patricia Lara.[175]

A principios de los 60 surge un movimiento popular amplio contra el Frente Nacional de la oligarquía. "Es el Frente Unido del Pueblo, liderado por el cura revolucionario Camilo Torres. Que logra movilizar a miles de obreros, mujeres, hombres pobres, estudiantes y campesinos que juntan su grito contra la injusticia social y el régimen bipartidista." Eduardo Pizarro, agrega: "Ambos movimientos se vuelven a convertir en objetivos del terror: La República Independiente campesina de Marquetalia es aniquilada por el ejército en 1964, Camilo Torres como dirigente del FUP recibe una serie de amenazas de muerte hasta que decide retirarse al campo donde existe un primer grupo del ELN."[176] En Colombia desde los 60 hasta los 70 se dieron las condiciones favorables para la consolidación de proyectos insurgentes; Pero, no existían condiciones para que esta experiencia se transformara en una opción de poder, debido a múltiples rasgos de la sociedad y el estado colombiano, algunos de los grupos guerrilleros que emergen a mediados de los sesenta son: ELN, EPL, FARC[177] pudieron consolidarse como una alternativa de poder político, como ocurriera en Nicaragua y Cuba.[178]

Otro grupo que surge es el M – 19, este grupo nace de un sector

---

[174] Andrés F, Ruiz, "Recuento histórico de los movimientos subversivos en Colombia":
http://www.gestiopolis.com/recursos/documentos/fulldocs/eco/guerrillacolombia.htm [Consultado: 17/02/09]

[175] Patricia Lara, "Siembra Vientos y Recogerás Tempestades" *En Colombia Popular,* Servicio informativo del movimiento insurgente colombiano, Bogotá, 1982, p. 5.

[176] Eduardo Pizarro "La Guerrilla Revolucionaria en Colombia". *En Pasado y Presente de la Violencia en Colombia,* Fondo editorial CEREC, primera edición, Bogotá, Colombia. 1986, p. 8.

[177] Siglas que significa ELN (Ejército de Liberación Nacional), EPL (Ejército Popular de Liberación) y FARC (Fuerza Armada Revolucionaria de Colombia, hoy se agrega FARC – EP, Ejercito del Pueblo. Este grupo surgió de los movimientos de autodefensas campesinas para defender a las organizaciones con tendencias comunistas.

[178] Eduardo Pizarro. Op. Cit.,

expulsado de las filas del Partido Comunista y las FARC: Jaime Báteman, Álvaro Fayad, Iván Marino Ospina y Carlos Pizarro, que luego se convertiría en comandante en jefe del M – 19. Y de la Alianza Nacional Popular, su sigla: La ANAPO socialista: Carlos Toledo Plata, Andrés Almarales e Israel Santamaría. El objetivo de este grupo era construir bases de guerrillas urbanas, bajo la denominación Movimiento de Liberación Nacional, similar al movimiento tupamaros uruguayos. Pero, la ola de inseguridad que vive el país en esta etapa, va a llevar al grupo a consolidarse como un nuevo movimiento revolucionario conocido como Movimiento 19 de abril (M – 19).[179] Al respecto nos aclara Andrés F, Ruiz:

"El M-19 nace en el año de 1972 en una reunión celebrada en Bogotá con la participación de 22 personas y su primera acción, tres meses más tarde, es el robo de la espada del libertador Simón Bolívar. Este hecho, subraya la ruptura profunda que marcará el M-19 en relación con el resto de organizaciones guerrilleras del país: si mediante la ANAPO se busca meter a la guerrilla en el país, a través de la recuperación de la tradición bolivariana se busca meter al país en la guerrilla. La nueva organización guerrillera partió de la base que los símbolos patrios son un patrimonio nacional y no unos simples valores burgueses por lo cual, la guerrilla debía rescatar las raíces nacionales y sus tradiciones históricas."[180]

Para los ochenta se suma el narcotráfico, y en los años noventa hasta hoy la violencia está motivada por diversos actores: guerrillas, narcotráfico, paramilitarismo, entre otros. El gobierno del presidente conservador Belisario Betancourt (1982 – 1986) se ve marcada por la violencia política y el auge del narcotráfico. En 1985 mueren 100 personas cuando el ejército invade el Palacio de Justicia en Bogotá para rescatar a los jueces y magistrados que el grupo insurgente M – 19 mantenían como rehenes. En 1986 asume a la presidencia el liberal Virgilio Barco, enfrenta conflicto con los grupos armados al margen de la ley: Guerrillas, paramilitares y narcotráfico. Se produce una gran ofensiva con atentados en diferentes lugares del País, donde mueren muchas personas inocentes y personas al servicio del Estado. Entre ellas el director del diario El Espectador Guillermo Cano, asesinado por orden del jefe del Cartel de Medellín Pablo Escobar.

Entre 1986 a 1989 ocurrieron un sinnúmero de atentados que cegaron la vida de periodistas y políticos, por orden de Pablo Escobar. El 18 de agosto

---

[179] Vladimir, Zabala, "La Toma del Palacio de Justicia", San Cristóbal, mimeo, 1986, P. 5.
[180] Ruiz, *op, cit*, p. 12.

de 1989 fue asesinado el precandidato del partido liberal a la presidencia, Luis Carlos Galán. Días después una bomba hizo explotar en pleno vuelo un avión de la aerolínea AVIANCA con 110 pasajeros a bordo, y fue dinamitada la sede principal del Departamento Administrativo de Seguridad (DAS) en Bogotá, saldo que dejo más de 500 muertos e innumerables destrozos. A parte de la guerra contra el gobierno – sostiene Miguel Ángel Álvarez Monsalve – el cartel de Medellín sostuvo otra, contra su rival de turno el cartel de Cali.[181] En 1989, el grupo armado M – 19 acepta la amnistía del gobierno colombiano del cese al fuego y deponer las armas a cambio de transformarse en un nuevo partido político de izquierda legal, denominada Unión Patriótica. Representado por Carlos Pizarro (Comandante en Jefe del desaparecido M – 19) y Bernardo Jaramillo Ossa, pero en 1990 son asesinados por el gobierno, y no por el Cartel de Medellín. En 1991 el capo del mencionado cartel (Pablo Escobar) se entregó a las autoridades, pero por falta de credibilidad en el gobierno colombiano, decide huir de la cárcel de La Catedral, comienza una ardua cacería tanto de las autoridades como enemigos suyos (Los PEPES[182]) financiado por el cartel de Cali y en 1993 fue abatido en Medellín por la policía (con la ayuda del FBI) Pablo Escobar. Después de su muerte, la producción y el tráfico de estupefaciente al exterior continuaron en manos del Cartel de Cali y sus aliados entre ellos los grupos guerrilleros como la FARC – EP y los paramilitares AUC. Todos estos grupos insurgentes se nutren económicamente con la adquisición de armas para la guerra.[183]

CRISIS POLÍTICA Y NARCOTRÁFICO

Ernesto Samper del partido liberal, asume la presidencia con alto porcentaje de votos en 1994, desde su llegada al poder, se ve manchada por los diferentes escándalos por la entrada de dineros del narcotráfico. A esto se suma, la confirmación de La Procuraduría General de la Nación al reconocer la vinculación de políticos con los narcotraficantes, su tesorero y toda la plana mayor de campaña se encuentran vinculados en el manejo de dineros ilícitos (…). Las acusaciones precipitan la salida inmediata del Ministro de Defensa Fernando Botero. En marzo de 1996, los Estados Unidos desertifican al país por no ser un aliado en la lucha contra el narcotráfico. También, declaran al presidente Ernesto Samper persona no grata. En junio del mismo año es absuelto por la Cámara de Representantes, que le exonera de toda acusación con respecto a la infiltración de dineros

---

[181] Miguel Ángel Álvarez Monsalve, *El camino a la paz nacional,* Medellín, JAIS Publicidad, 2003, pp. 7 - 18
[182] Policías en contra de Pablo Escobar
[183] Álvarez, pp. 17 – 18.

del narcotráfico en su campaña presidencial.

Durante 1996 a 1998, comienza una ofensiva de los grupos armados al margen de la ley contra las bases militares del Ejército colombiano y las instalaciones de la policía, provocan centenas de muertes en las filas. Además, capturan a otros cientos en calidad de rehenes. Su objetivo era canjearlos por los guerrilleros presos en las cárceles. Esta serie de atentados deja masacres y desplazados, 1997 es el año que se caracteriza por las masacres llevadas a cabo por los grupos paramilitares de defensa, subvencionados por el gobierno colombiano y algunos empresarios, el objetivo era erradicar todo viento de ideología comunista (guerrillas revolucionarias urbanas y rurales) en regiones tanto del norte, centro, sur y occidente del País. Esta cruda violencia propicio el desplazamiento de una masa de campesinos de esas zonas, que huyen de la violencia (…)[184]

El 21 de junio de 1998 se elige a la presidencia al candidato conservador Andrés Pastrana Arango, del movimiento Gran Alianza por el Cambio (50.39%), con una diferencia del 3.86% de su contrincante Horacio Serpa del partido liberal (46.53%).[185] Los principales medios de comunicación nacional e internacional coinciden en la que la derrota del gobierno liberal se debió primeramente al desprestigio del presidente Samper y a los narco – escándalos que rodearon su gestión. Andrés Pastrana realiza su gestión en tratar de recuperar la credibilidad del pueblo colombiano ante el gobierno estadounidense, por eso el 28 de Octubre del mismo año, realiza una visita a la Casa Blanca, donde fue recibido por el entonces presidente Bill Clinton con todos los honores. Esta visita trajo su dividendo, el gobierno estadounidense se compromete en dar apoyo "incondicional" al gobierno colombiano en sus problemas más complejos del momento: la economía, la erradicación del narcotráfico y guerrillas revolucionarias.

Pastrana al retornar al País, se reunió con el Ministro de Defensa, dándole algunas pautas para lograr consenso con sus homólogos del continente americano. A partir del 30 de noviembre del mismo año, se reunieron en el Centro de Convenciones de Cartagena, los ministros de 33 países, impulsados por los Estados Unidos. Esta reunión de Ministros iba a permitir cambiar el rumbo de los ejércitos proponiéndoles nuevos roles. En ese momento, Estados Unidos ya no estaba interesado en combatir al

---

[184] Ibíd., pp. 19 – 20.
[185] Ibíd., p. 21.

enemigo socialista interno.[186] Sino impulsar nuevas tareas, como el combate al narcotráfico, la lucha contra el terrorismo, el cuidado del medio ambiente (Amazonas, río amazonas, el agua u otros.), el control de las migraciones ilegales y la garantía de los Derechos Humanos.

Para el caso de Colombia, los Estados Unidos ha propuesto que las fuerzas militares se dediquen a combatir el narcotráfico y los grupos que se nutren de los carteles, en especial la FARC - EP. Para ello, ofreció un apoyo concreto: helicópteros, equipos de comunicación y entrenamiento por un total de 400 millones de dólares, la tercera ayuda militar más alta del mundo, después de Israel y Egipto. Todo este auge armamentista trajo presiones de los organismo internacionales, que produjo un alto costo de la vida de los trabajadores colombianos, desempleo y el descenso en el nivel de vida e ingreso de la clase obrera, que los llevó a generar un gran paro de asalariado al servicio del Estado, que concluye el 27 de octubre, después de 21 días de ardua negociaciones y la muerte del vicepresidente de la CUT Jorge Ortega, el gobierno bajo su acto de cobardía logra amedrentar con la muerte de su dirigente que si no aceptan tal ajuste, va ajustarlo por decreto, los trabajadores aceptan el reajuste salarial del 15%, equivalente a la inflación esperada para 1999.[187]

La pacificación es el lema de las campañas electorales hacia la presidencia, que sería un gran motivo de preocupación de Estados Unidos y de las multinacionales que desean seguir explotando a las masas campesinas del país. Por eso, Pastranas busca a toda costa una salida al conflicto, logra reunirse con altos dirigentes de los grupos subversivos Manuel Marulanda y promete iniciar las conversaciones; las dos partes se comprometen a reunirse el dialogo en enero de 1999. También, establece contacto con el grupo subversivo ELN[188], pues este grupo exige interlocutores nacionales e internacionales civiles que fuercen al gobierno a realizar cambios políticos radicales. Pastrana concluye su mandato sin lograr la paz y entregando el país al grupo subversivo: FARC - EP, que logra someter a los demás grupos subversivos como EPL y disidentes de los grupos: ELN, M - 19, AUC, algunos narcotraficantes inconformes con el gobierno y otros presionados por los capos de las FARC - EP, dejan el negocio en manos de los subversivos, con el objetivo de proteger a sus familias, bajo el control y negociación de la cocaína, la FARC – EP, se fortalece y se convierte en el

---

[186] Doctrina de la "Seguridad nacional", promulgada por el gobierno estadounidense para todos los ejércitos latinoamericanos luego del triunfo de la revolución cubana. Álvarez, p. 20.
[187] Ibíd., p. 21.
[188] Ejército de liberación nacional

máximo exportador de drogas hacia los países del primer mundo.

Álvaro Uribe Vélez inicio su campaña bajo el lema "una mano dura hacia los grupos al margen de la ley y la seguridad del pueblo colombianos". La FARC vio en él el enemigo mayúsculo para la organización, buscaban por todos los medios hacerlo desaparecer antes y durante de su gobierno. Por eso, el acto de posesión del 7 agosto de 2002, marcó el inicio de una cadena de atentados terrorista en el país, atribuidos por altos dirigentes de las FARC – EP. Ese día el Palacio Presidencial fue blanco de un atentado que cobró 22 víctimas inocentes de la calle el Cartucho en Bogotá, posterior a esto hubo otros ataques en diferentes centros urbanos de las principales ciudades del país: explosiones de autos, taxis y camiones bombas, que dejaron miles de personas muertas entre ellos soldados, policías, fiscales, personas civiles y heridos. El 5 de mayo del 2003 las FARC – EP asesinaron a sangre fría al gobernador de Antioquia, Guillermo Gaviria, al exministro de Estado, Dr. Gilberto Echeverri Mejía y a ocho militares que tenían privados de la libertad en la vereda La Esmeralda del municipio de Urrao (Antioquia). Estas personalidades fueron secuestradas en el 2002 por un frente del grupo subversivo en mención, cuando estos dirigentes lideraban una marcha por la Paz y el cese al fuego en el municipio de Caicedo. Otro mandatario que también fue ejecutado por las bandas de asesinos de las FARC – EP fue el Dr. Antonio Roldan Betancourt. Ellos murieron en busca de la Paz.

Estas muertes a manos de las FARC – EP generó un malestar en la sociedad colombiana, dirigentes políticos, asociaciones no gubernamentales, religiosas, la clase pobre y rica, y aumentó el dolor de patria del presidente Uribe, que hizo crear una política armamentista para parar a los grupos subversivos, estableció el cobro de impuesto a la guerra, la sociedad en general apuntó a la seguridad y a la lucha, aceptando todas las exigencias del gobierno, esto hizo que personas comunes se unieran a la red de informantes que permitió frenar atentados y muchos insurgentes fueron detenidos y varios de ellos pasaron a ser un fuerte aliado del gobierno uribista. Podemos afirmar, que gracias a la gestión gubernativa del presidente Uribe, permitió que el pueblo colombiano pudiera viajar a diferentes lugares de la nación y arrinconar a la FARC – EP.

AYUDEMOS A CONSTRUIR LA PAZ Y PARAR LA GUERRA

Un teólogo que pretenda hacer teología en Colombia, tiene como base el protagonismo de los marginados, los desplazados, los desempleados, los heridos de la guerra, las viudas, las mujeres y la fuerza de los pobres. No se puede hacer teología ni muchos menos compartir el mensaje del Señor, cuando vemos que nuestra gente sufre, muchos se aferran a un milagro, se reúnen en grupos de oración, hacen ayuno para destruir las huestes de maldad; otros en cambio, sin resignarse a estos actos actúan, se unen a grupos de protesta, denuncian las injusticias. Ambos modelos se cuestionan, pero mi interés no es cuestionar estos modelo, mi deseo es que nos unamos para hacer frente a este demonio materializado en los actores que generan violencia y destrucción, me pregunto ¿qué podemos ofrecer nosotros (los evangélicos) para que haya paz y cómo podemos parar esta guerra? Esa es mi inquietud tratar de responder a esta pregunta, pero mi respuesta queda inconclusa, abierta para que otros, que anhelan que haya paz y un cese al fuego, compartan sus ideas.

Jesús dijo: "Bienaventurado los pacificadores, porque serán llamados hijos de Dios" (MT 5: 9), Santiago dice: "(…) y el fruto de justicia se siembra en paz para aquellos que hacen la paz" (Santiago 3: 18), ambos autores no hablaron de bendiciones para quienes mantienen la paz sino para los pacificadores (que hacen la paz). Hay una gran diferencia entre los que buscan mantener la paz negando el conflicto, ellos evitan confrontar los asuntos que le deberían preocuparles o deciden guardar silencio cuando se necesita que hablen. En cambio, para los que hacen la paz (los pacificadores) al ser reconciliadores, al contribuir a la unidad entre las personas y grupos, ayudan apreciar el punto de vista del otro y los ama a pesar de las diferencias. Nos aclara John Drescher: "A veces he tratado de mantener la paz al retirarme y hasta al evitar las personas con las cuales podría discrepar. Esto podría llamar mantener la paz, pero no es el amor en acción al que Jesús y Santiago se refirieron como pacificador."[189]

Hacer la paz es llevar a cabo un acto de amor que obra por la reconciliación y por el bien de cada persona. Jesús bendijo a los que hacen la paz, aquellos que ayudan a reconciliar los corazones no solo con Dios sino con su prójimo con el objetivo del bien de cada uno de ellos. Si hacen esto, Jesús los llama hijos de Dios. Por eso, nosotros sus hijos hoy somos sus embajadores en este mundo, vivimos la identidad como hijos de Dios cuando nos convertimos en verdaderos pacificadores, cuando asumimos nuestra nueva naturaleza amorosa, compasiva, perdonadora y reconciliadora, sino lo estamos haciendo seria bueno pedirle al Señor "Oh Dios, haznos a tu imagen para que no solo mantengamos la paz, sino que actuemos por ella."[190] Después de esto, que podemos hacer por nuestra gente que sufre, eres de aquellos que mantienen la paz o eres de aquellos

---

[189] John Drescher, "pacificadores", *en El Aposento Alto, guía de meditaciones diarias,* Bs. As. Ediciones Sud America, Vol. 71 # 6 (2009), p. 8
[190] Ibíd., p. 8

que hacen la paz, aman no importando las diferencias, ¿qué estas esperando por hacer? Hay un mensaje (que todavía hace eco en nuestros oído) que en 1993 nos dejó perplejo a muchos compatriotas creyentes, no creyentes, intelectuales, personas comunes, que nos invitaba a unirnos a su trabajo por la paz, eran los pueblos originarios de Colombia, un grupo de indígenas del Cauca, titulado: "Construyamos la paz y detengamos la guerra", su mensaje recoge las frustraciones y anhelos del pueblo colombiano, de las organizaciones sociales, sindicales, la comisión de derechos humanos y algunas comunidades cristianas. Su eco todavía no se ha exterminado, clama en la sangre de muchos compatriotas derramados en las montañas y ciudades de mi país, su mensaje se centró en los siguientes puntos:

a. La paz que buscamos contiene dos elementos básicos: el primer elemento es lograr una sociedad con justicia y bienestar para todos. Y el segundo elemento es vivir con tranquilidad, lo que exige es erradicar las diferentes formas de violencia.
b. Anhelamos una paz democrática, en el orden social, que logremos consensualmente construido, donde aceptemos las diferencias, sin intimarlo, que admitamos los conflictos, pero en el que todos pueden tener su identidad, que permita el desarrollo y crecimiento de cada una de las partes, sean éstos personas, grupos étnicos u otro.
c. Para que hay paz y detener la guerra es necesario una solución política del conflicto armado. En su deseo de hacer la paz deben intervenir no solo los grupos en conflictos sino todos los sectores que participan en la vida económica, social, política, cultural y religiosa.
d. La sociedad en general debe asumir la lucha por la paz, no esperar que los grupos en confrontación se pongan de acuerdo. Hay que convocar a los movimientos sociales para que junto contribuyan a la construcción de una paz justa y a detener la guerra en Colombia.
e. Para lograr lo anterior, se hace necesario crear grupos de diálogos regionales y localidades que buscan distensionar el conflicto y los procesos regionales de paz que incluyen concertación y desarrollo participativo, cuyos elementos son imprescindibles para alcanzar la paz y parar la guerra. [191]
f. La Constitución colombiana de 1991, donde muchos sectores incluyendo los grupos indígenas, afrocaribeño, cristianos u otros religiosos, colocaron un granito de anhela a un tratado, que según ellos, que consideraron un documento para la paz y el cese al fuego

---

[191] Ángel Torres, "paz justa en Colombia", *en Revista Cencos – Iglesias,* julio # 232 (1998), p. 22.

en Colombia. En este documento esta condensada el sueño no solo de los indígenas sino de todos los colombianos, que mantienen la esperanza en su aplicación, por eso, todos los colombianos en todos los rincones del mundo y al pueblo latinoamericano clamamos: ¡Ayúdenos a construir la paz y a parar la guerra!

7 ¿ES ETICA LA VIOLENCIA REVOLUCIONARIA? REFLEXIONANDO SOBRE LOS GRUPOS ARMADOS EN COLOMBIA

Hace once años (2005) Hector Jouvé relató a la revista *La Intemperie* las actividades desarrolladas en el norte argentino por el "Ejército Guerrillero del Pueblo". Allí el autor narra los fusilamientos de los militantes Bernardo Groswald y Adolfo Rotblat. A raíz de esto, el filósofo Oscar del Barco se manifestó en contra de todo acto que atente con la integridad del ser humano, bajo el lema: "No matarás", el asume su responsabilidad moral, que prefiero llamar cristiana y condena toda forma de violencia política, ideológica y religiosa fuera de izquierda o de derecha. Bueno no se hizo esperar que se levantara un abanico de discusiones en torno a justificar una acción violenta de los grupos a favor de los poseídos o avalar la acción del Estado de mantener el orden. Cosa que mantiene en tensión la oligarquía y los grupos al margen de la ley en Colombia. La discusión sigue abierta, todavía no se ha escrito el ultimo capitulo que cierre y sane las heridas de los hijos de la guerra. Todavía sigue escribiéndose esta novela sangrienta: la tormenta de opresores y oprimidos.

Algunos justifican la violencia como una forma de mantener en vilo al opresor: El Estado que cumpla su razón de ser a favor de los excluidos: Los grupo guerrilleros. Ellos actúan y velan como si fueran el ejército del pueblo. Los oprimidos, avalan estas acciones porque están acorde a las ideas de vencer al Goliat, que hay que vencer a toda cuesta. Pero, hay quienes exigen del Estado una presencia, con el objetivo de acabar con estos grupos que siembran el miedo y la zozobra. Cada uno tiene derecho de exigir, pero en esa exigencia no hemos pensado ¿Quiénes son los que pierden? ¿Quiénes mueren en esta lucha ilógica? Se han puesto a pensar sobre la herida que sangra en los inocentes que nada tienen que ver en esta guerra, que es el pueblo. Sobre los campesinos que dejan de sembrar y hacer producir la tierra, para que no haya en el futuro escases.

Frente a la condena que hace Oscar del Barco a toda forma de violencia política o revolucionaria. El texto de Martin Baigorria nos lleva a pensar en las heridas que deja todo acto violento, esas heridas son los hijos de la guerra, de los que han sufrido por años, nos lleva a reflexionar sobre los traumas que deja la violencia. A partir de ella se podría entender que los privados de la libertad como los fusilamientos del grupo guerrillero FARC que se adjudica en nombre del "Ejército del Pueblo" como otro asesinato bajo las coordenada de su lucha por el pueblo. Vale preguntarle a estos grupos y aquellos que consideran que la FARC tiene un proyecto bolivariano, si secuestran y asesinan a los hijos del pueblo colombiano no importando su estatus social ¿acaso ellos no son seres humanos? ¿Los policías, el ejército no son seres humanos? ¿Acaso se justifica el asesinato en nombre de una ideología, de una clase o de una fe en Dios? ¿Se justifica asesinar a un guerrillero en nombre del Estado de derecho de una nación? ¿No son ellos hijos del pueblo colombiano?

Volviendo al lema "No matarás" no es solo una cuestión religiosa, lo es también jurídico humanista y reflexiva sobre cada acto irracional del ser humano. Aunque estos actos han sido legitimados por la psicología jurídica que ha provocado otra herida en nuestra sociedad. Hay muchos locos sueltos que amparándose a estas leyes siguen haciendo daño a nuestra sociedad, ya es hora de hacer un replanteamiento de las normas jurídica si queremos sanar las heridas de una nación tan golpeada por estos burdos y estoicos.

El no matarás significa un imperativo categórico necesario para vivir en armonía y en comunidad. Pero, para hacer posible esa comunidad tenemos que erradicar todo acto violento, por la sencilla razón que el actual sistema democrático (Estado) e ideológico (Guerrilla) se hallan cimentado en la herida de los que han sufrido y pagado el costo de esta guerra: los inocentes, el pueblo colombiano que se ejemplifica en el niño Emanuel (hijo del pueblo) y Álvaro Uribe (hijo de la oligarquía) no son ellos hijos de la guerra. Al primero al nacer fue arrancado de los brazos de su madre, ¿no es un acto violento? Al segundo, le asesinaron a su padre. ¿No son hijos de la guerra? Heridas que sangran el dolor de una pérdida... Es comprensible la acción del presidente Uribe en cerrar esa herida desterrando a estos grupos terroristas. Pero, nuestro Presidente se ha dado cuenta que condicionar la violencia es agregar otro acto violento, que lo logra es sangrar más la herida y esto sustrae toda posibilidad de un entendimiento entre gobierno y FARC.

Este que se sustrae debe ser pensado en su posibilidad, como violencia. ¿Y no en este plano imposible donde pensamiento y violencia se encuentran, allí donde el fundamento contingente de la política gubernamental emerge en su imperfecta facticidad? Entonces vale la pena que pensemos ¿Quién pierde en esta lucha? ¿Quiénes son los que mueren en esta guerra? Ahora bien, si nuestra democracia se encuentra construida bajo las heridas del dolor, no conviene entonces que organicemos nuestros ideales. Lo mismo sucede en los grupos guerrilleros, seguir haciendo filosofía revolucionaria y enseñando en medio de un País herido por las atrocidades cometidas en la historia de Los grupos revolucionarios. No sería mejor deponer las armas o reorganizar los ideales y emprender una nuevo proyecto no bolivariano sino un proyecto donde todos seamos uno en la diversidad de ideas. Pero, esta insistencia en pensar en las secuelas que ambos bandos: gobierno y guerrilla dejan en esta lucha campal, no cierra toda reflexión sobre las distintas formas de violencia que serían propia o no de la política gubernamental o ideológica del grupo al margen de la ley. Por eso, cuando se trata de pensar en las secuelas de la guerra, las consecuencias del terrorismo de Estado, ya no parecieran ser más la esencia del problema, sino que ellas mismas deben ser pensadas a partir de nuestra posición ante la violencia de izquierda.

El no matarás, no sólo debe surgir de un principio de negar o reprimir la violencia de la fundación social. A una democracia de estado, sino a una democracia del pueblo, de respeto por la vida del otro: no más terrorismo de Estado, ni de grupos al margen de la ley. Si intentamos limar asperezas y dejar la violencia a un lado se trata de hacer campañas y enseñar a las generaciones futuras lo que pasó en la historia de las guerras de nuestro País. Es bueno hablar de los ideales del pasado, pero es bueno condenar sus fantasmas. Pero, surge un problema metodológico y pedagógico al diferenciar en la enseñanza los ideales y sus fantasma se pregunta el docente filosófico, teológico y en general ¿Cómo podríamos diferenciarlos? ¿Cómo distinguir entre los ideales que motivaron la lucha armada guerrillera y sus consecuencias, sobre todo cuando ellas mismas, cada vez más, son vistas como inevitables? Martin Boigorria nos aconseja que los ideales de la lucha armada del siglo pasado vuelvan una y otra vez bajo la forma de su propia denegación, eliminando sistemáticamente los modos en que ellos mismos pensaban realizarse. Por lo que, al igual que el "no matarás", la democracia sólo para olvidar aquello sobre lo cual vino a fundarse, tuvo que reprimir a un grupo para llegar a ser un estado de derecho…

En conclusión, esta reacción de los grupos armados a la problemática de la violencia política. Que utiliza toda su maquinaria bajo el lema: "no a los grupos terroristas" para hacer valer sus derechos constitucionales de mantener el "orden social". No estarían el Estado y los grupos guerrilleros generando más violencia: "País imperialista" "Servidores de Bush". Si el objetivo es construir una democracia donde quepan todos y todas. Pero, mantener ciertos calificativos, ya mencionados, que en nada ayuda a cerrar o sanar una herida que sigue desangrándose. Si queremos cerrar esa herida, entonces debemos erradicar de nuestros discursos todo aquellos calificativos despectivos y deponer no solo las armas abstractas sino también físicas, esto los mantendrán alerta y abierto a un dialogo fructífero.

8 MARTIN LUTERO, UN APOSTOL DE LA GRACIA: QUE NOS INTERPELA HOY

Se ha preguntado alguna vez ¿Qué fue lo que movió a éste reformador? Para generar una ruptura entre la Iglesia Católica romana y la Iglesia Católica alemana, (que después se constituye la Iglesia Católica luterana). Para algunos teólogos e historiadores consideran que lo que motivó a Lutero no sólo fue el deseo de Reformar a la iglesia, "la sociedad de sus días, más bien fue su propio encuentro con Cristo" y su ardiente anhelo de salvar a los perdidos y liberar a los cautivos en una falsa ideología. Era una época de grandes conflictos tanto en lo político como social. El alto costo del impuesto a la guerra y a esto se abonaba la ayuda a los mendicantes, sufragar los gastos a las fiestas religiosas, la compra de las indulgencias; era poco esperanzador para el feligrés. Al respecto Johann Tedzel anunciaba: "Tengo en mis manos los pasaportes que dan al alma entrada a los goces del paraíso celestial. Cualquiera puede ser perdonado, no importa el pecado cometido. El santo Padre tiene el poder en el cielo y en la tierra para perdonar pecados, y si el Papa los perdona, Dios está obligado también a perdonarlos. En cuanto la moneda suena en la tina, el alma salta del purgatorio directamente al cielo".[192]

Lutero recientemente nombrado profesor de Biblia y Teología en la Universidad de Wittenberg, oyó la extraordinaria oferta. "¿Qué es esto?" se preguntó, "¿Cómo puede venderse algo que Dios ofrece gratuitamente por su gracia?" No lo pensó mucho, tomó una decisión, no le importó su puesto como profesor; era una opción estar con Cristo o con el Diablo, por eso se considera que su ministerio era una vida entre estas dos entidades. En esta parte, Oberman nos provee una serie de importantes decisiones, que va desde la entrada al convento hasta la rápida sucesión de acontecimientos en la complicada lucha eclesial, que la posteridad solo puede juzgar como hechos de gran relevancia. Según el autor mencionado (Oberman), era necesario que los cristianos del mundo entero, tomaran postura y hacer frente a la presión ejercida desde Roma, la urgencia de la corte electoral y la propia confederación de la congregación alemana de los

---

[192] Les Thompson, "En memoria Del 491 ANIVERSARIO DE LA REFORMA PROTESTANTE" [Consultado: 01 de octubre de 2008]:
http://logoi.org/espanol/articulos/2008/Oct1_08_ReformaProtestante.pdf

agustinos. Pero, Lutero mismo contempló su vida y su actuación desde otras perspectivas, extrañas para el historiador moderno, el ciudadano ilustrado y secularizado puede resultarle ajena: "él creyó ser guiado e impulsado por Dios". Desde el momento del primer enfrentamiento por sus tesis sobre las indulgencias hasta su última ojeada retrospectiva sobre el recorrido realizado por la Reforma."[193]

Lutero sentía la presión de la llamada divina de su apostolado de la Gracia, sabía lo que hacía. Estaba seguro de su Señor, su vida de oración y meditación lo llevaron a escribir con ahínco las 95 tesis; tuvo que sobrepasar los obstáculos para llegar a conseguir el apoyo de las masas. A principios del siglo XVI tanto los monjes como los profesores universitarios no gozaban de credibilidad, pues los consideraban falsos santos y falsos sabios. Lutero, pues ingresaba en las peores condiciones para convertirse en un reformador popular; así lo vio el enviado especial a la Dieta de Works en 1521, Hieronymus Aleander, que debió ocuparse en ella de manera especial del caso Lutero.

También, Lutero se vio así mismo como un instrumento en las manos de Dios. "No son la astucia ni sus propias decisiones las que determinan su rumbo, sino Dios quien le empuja y lo arrastra consigo." Lutero era consciente que otros lo superaban en aptitudes e instrucción, en oratoria y conocimientos lingüísticos; pero eso no amilanó su plan, tenía un propósito por el cual Dios lo llamó. Por eso, era humilde, su humildad monacal se oculta a su servicio a la Palabra de Dios. El no buscó el puesto de catedrático incluso el estudio de doctorado se lo impuso, contra su voluntad, su superior en la orden. En vez de luchar y verse implicado en contiendas, habría preferido dedicarse en su cuarto de estudio a la investigación y la meditación. Lutero ofreció siempre un armisticio, con tal que se diera libertad al Evangelio. Pero, también se vio impelido hacia donde no quería, por un Dios que rige la historia a través de la obediencia y la desobediencia. El conflicto de las indulgencias fue solo el comienzo. Después de cada nuevo suceso, de cada nuevo cambio en los acontecimientos que ligaron su vida a la historia de la Reforma hasta su fin, Lutero reconoció el obrar divino en él: "Dios me ha empujado; desde el principio al final he sido impulsado por una fuerza ajena." Las generaciones posteriores han hablado de una guía y providencia divina. Lutero, en cambio, sostiene Oberman prefiere una expresión tomada de la experiencia mística: "Fui arrebatado"[194]

---

[193] García Villoslada, pp. 544 ss
[194] Ibíd.,

Lutero expresa en todo su obrar que todo lo hizo por la omnipotencia divina, que Dios es poderoso para ayudarnos a hacer la obra. Por eso, nuestro reformador estaba seguro en su ministerio, sabía que Dios estaba a su lado. No le importó alienarse al puesto de catedrático ni mucho menos a los poderes de la riqueza. El teólogo latinoamericano y los pastores alienados a su escritorio tienen miedo de pensar en el mover del Espíritu Santo en sus vidas, para ellos, cualquier ingrediente de vivir la teología moral y ajustarse al pensamiento de la Palabra es teología conservadora o neopentecostal. Creo que al igual que Lutero necesitamos líderes, teólogos y pastores apasionados que vivan los valores no mataras con tu mal testimonio la vida de los otros, no fornicarás con tu novia, no adulterás con la mujer de tu prójimo, en fin.

Finalmente, Lutero le agradaría ver sus seguidores haciendo lo que él hacía, una vida entregada a velar por el verdadero Evangelio. Hoy nuestro evangelio no es el Evangelio de Cristo ni la doctrina de Cristo. Muchos menos la teología que Lutero enseñó y defendió, creo que necesitamos volver a la fuente de la cual se nutrió nuestro reformador y preguntémonos ¿Qué nos diferencia? ¿Qué hemos dejado? ¿Es nuestra teología verdaderamente cristiana? Hay muchas cosas que debemos replantearnos y defender como el derecho de nacer, a la vida, al matrimonio, a los valores, etc. Además, el pastor debe pensar en virtud del Reino, Dios desea que su iglesia cada día crezca más y más, no es posible que hoy en Argentina iglesias tradicionales estén vacías, cerradas y otras funcionan con proyecto sociales, convirtiéndose entidades subsidiaria del sistema capitalista: explotadas y explotadoras. Creo que la iglesia de hoy como la teología latinoamericana necesita un reencuentro con el Cristo que sana, salva y viene otra vez por su pueblo santo.

9 ETICA Y SEXUALIDAD: EL PAPEL DE LA BIBLIA EN EL DESARROLLO DE UNA ETICA SEXUAL EN NUESTRAS IGLESIAS

Pretender hablar sobre la Ética y la Sexualidad cristiana, pareciera ser que fuera un tema ya consumado, pero la realidad nos muestra que, todavía el tema nos plantea muchos interrogantes. En la actualidad, y en los ámbitos cristianos, esta cuestión sigue presentando dificultades, no solamente desde la perspectiva social y secular, sino también se puede observar los distintivos puntos de vistas que, dentro de las filas cristianas se manifiestan.

El tema de la Ética Sexual cristiana, ha sido debatido y tratado desde mucho tiempo atrás. Pero en la actualidad, los cristianos se enfrentan a nuevos enfoques, nuevos puntos de vistas y prácticas que, en algunos sectores son aceptados como Normales y en otros son rechazados.

La pregunta que debemos hacernos tiene que ver con relación a: ¿Cuál es o será nuestra postura cristiana sobre los siguientes temas? ¿Y qué dice la Biblia con respecto a esos temas? Como debe ser: La práctica homosexual, el matrimonio igualitario: ¿Se les puede aceptar en la iglesia? ¿En algunas iglesias de nuestra América hasta ocupan cargos eclesiásticos, esto es correcto? ¿Tienen posibilidad de restauración? Si es así, ¿Pueden servir en el ministerio? ¿Cuál debería ser la actitud de la iglesia frente a estos grupos, y, a otros problemas de intramuros: la infidelidad, el adulterio, el abuso y la violencia? ¿Existe en la iglesia de hoy ministerios que apunten a la restauración de personas que atraviesan estas situaciones?

¿Existen verdades o posiciones absolutas sobre estas cuestiones? En la actualidad nos encontramos con distintos enfoques e interpretaciones y de alguna manera, necesitamos encontrar una respuesta o perspectiva bíblica que nos satisfaga y que, a la vez, ayuden a las personas que atraviesan estos conflictos. Con relación al tema dice Tullo Goffi, donde el autor nos habla de la necesidad de una nueva sexualidad. Y comenta: "Nuestra época ha visto caer varias afirmaciones tradicionales éticas... en lo que se refiere a la conducta sexual, no podemos quedar en la situación actual."[1]

---

[1] Tullo Goffi *Ética sexual cristiana*. Salamanca: Sígueme. 1974.

Podemos notar que, no solamente dentro de los parámetros cristianos se reflejan estas situaciones de conflictos, sino que por otro lado, hay un mundo de gente que necesita y clama por ayuda, y que anhela recibir una orientación bíblica, sana y que les sirva para vivir mejor en este mundo enfermo.

LA ETICA CRISTIANA Y LAS PRACTICAS SEXUALES.

Si observáramos con detenimiento las distintas expresiones sexuales, con seguridad nos causaría escalofrío, no podemos negar que, la sociedad actual está totalmente descontrolada y enferma. El primer enemigo de las familias y las sanas costumbres son los medios masivos de comunicaciones, Hoy no existen parámetros de control, ya no hay límites, a cualquier hora del día se puede observar programas de alto voltaje, como comúnmente se le denomina. Ya no existe control alguno, y se puede observar por ejemplo: prácticas homosexuales, infidelidades, relaciones de convivencias, adulterios, se han convertido en conductas normales y naturalizadas en nuestras iglesias cristianas.

Esta realidad es la que golpea y envuelve las vidas de muchas familias en nuestra sociedad y que, como consecuencia, también afectan nuestros hogares cristianos hoy. "Se pueden observar actualmente, aun entre cristianos, notables divergencias respecto a la educación sexual. En el clima presente de desorientación moral amenaza el peligro tanto del conformismo que acarrea no leves daños, como del prejuicio que falsea la íntima naturaleza del ser humano salida íntegra de las manos del Creador." [2]

"El ser humano vive su sexualidad como lenguaje, como mediación expresiva y configuradora del encuentro interpersonal. La sexualidad humana significa algo muy importante y siempre remite a la intencionalidad y a la responsabilidad; justamente porque están en juego fines, valores y significados está en juego la libertad. Y ahí radica la ética, que no es una dimensión ajena sino constitutiva y una mediación para la construcción del propio sujeto." [3]

---

[2] *Educación sexual y el amor humano, en la Revista educación sexual Vaticano*, [Consultado: 20 septiembre de 2013]:
http://www.vatican.va/roman_curia/congregations/ccatheduc/documents/rc_con_ccatheduc_doc_19831101_sexual-education_sp.html

[3] Lisandro Orlov. Fe cristiana y la Sexualidad: Entre la pureza y la propiedad [Consultado: 20 septiembre de 2013]:
http://www.pastoralsida.com.ar/sexualidad/barranquilla.htm

Algunos pensadores, en forma atrevida, afirman que la iglesia tiene una única posición teológica y ética con relación a cualquier tema, en especial la sexualidad. Eso no es verdad. Las comunidades cristianas difieren grandemente entre ellas, existe una real y rico pluralismo de posiciones y de prácticas pastorales.[4]

Por otro lado, cada día llegan a nuestras congregaciones evangélicas familias destrozadas emocionalmente, afectivamente y espiritualmente, como consecuencia de estas influencias. ¿Hay posibilidad de que estas vidas sean restauradas, orientadas y que, como familias, puedan salir adelante? Tenemos que tomar una posición frente a las distintas manifestaciones o expresiones sexuales de nuestro tiempo como agentes de pastoral al servicio del reino de Dios.

Acudimos a la razón ética para evitar los peligros de la deshumanización o de la desintegración moral del ser humano, en especial del cristiano; no pensamos la ética como un catálogo de normas, de imperativos y de prohibiciones sino como una posibilidad de ser lo que somos: pecadores restaurados para servir a otros.

La formación moral de la sexualidad humana no puede reducirse a la simple información biofisiológica, ni a la simple apelación al consenso, la higiene y la prevención de efectos no deseados, -importante, pero insuficiente-. Esto supondría una reducción por defecto en la comprensión de la riqueza y la complejidad de los diferentes significados de la sexualidad humana, pues toda formación en este campo concluye con una oferta de valores y de criterios de discernimiento.[5]

EL PAPEL DE LA BIBLIA EN EL DESARROLLO DE UNA ÉTICA SEXUAL.

La Biblia es la fuente indispensable para nuestra fe porque da testimonio de Jesucristo. Pero la Biblia sola no es el objeto de nuestra fe. Es importante que estudiemos y hablemos cuidadosamente sobre los versículos de la Biblia relacionados a la sexualidad. Esto quiere decir, examinar la forma y el contexto de algunos textos en particular, así como también la

---

[4] Cultura para la esperanza. La importancia de una ética sexual, *en Revista Acción cultural cristiana* [Consultado: 20 septiembre de 2013]: http://www.accionculturalcristiana.org/html/revista/r40/40sexu.htm
[5] La alianza Evangélica Española, publicado en www.Cristian/red.com.ar

relación que los mismos tienen con el mensaje principal del evangelio. La palabra misma ilumina el significado de la Escritura. Por otro lado, la palabra de Dios no fue escrita para justificar nuestras acciones, sino para traer luz e iluminar el camino por donde Dios anhela que andemos.

1. LA SEXUALIDAD HUMANA EN EL ANTIGUO TESTAMENTO

En muchos pasajes del Antiguo testamento se puede ver como la Biblia enseña sobre la sexualidad, esto nos muestra que el tema no escapa a los planes de Dios, desde el principio. En el primer libro (Génesis) ya comienza hablando sobre la pareja, el matrimonio y la vida sexual. En este plan maravilloso de Dios, también estaba incluido la relación sexual ordenada.

Algunos textos a tener en cuenta:

Deuteronomio 22; 22; 22;28-29;24; 1-4; 25;5-10.
Éxodo 20;17; 22;16-30;
Génesis 38;1-39
Cantar de los Cantares capítulos 1-8

"Algunos conceptos teológicos sobre la sexualidad empezaron a ser revelados, lo cual ha dado una base bíblica para elaborar una ética sexual en el presente. Dios dispuso que tanto el hombre como la mujer identificaran la imagen de Dios de la misma manera y que se vieran como compañeros en la relación y en la responsabilidad que tienen. La sexualidad es la voluntad de Dios, creada como un buen don de Dios y, por lo tanto, no es algo de lo cual debe sentirse pena o vergüenza.

Según lo que podemos ver en el Antiguo Testamento, nuestra sexualidad no es un aspecto inferior de lo que somos, tampoco es lo que determinara principalmente nuestra identidad humana. Es para disfrutarse, protegerse, regularse y emplearse con responsabilidad en la vida, ante Dios y por el prójimo."[12]

---

[12] Sexualidad y biblia, en el portal ICMBAY [Consultado: 10 de octubre de 2015]: http://www.icmbay.org/estudios/pdf/ot/sexualidad.pdf

2. LA SEXUALIDAD HUMANA EN EL NUEVO TESTAMENTO.

No solamente encontramos pasajes en el A.T. que nos ayudan a tratar sobre el tema, también hay muchos pasajes en el Nuevo testamento. A continuación mencionamos algunos: Marcos 10:2-9; 1 Corintios, 5-7: Mateo 19;10-12; Marcos,7:14-23; 1 Corintios 5:1-6-20, 7:1-40; 1Tesalonicenses 4:3-8; Colosenses 3:18-4:1. Ro.1. 24-25.

El Nuevo Testamento tomó algunos de los puntos principales sobre la sexualidad que se encuentran en el Antiguo Testamento, especialmente que la sexualidad es un buen don de Dios que necesita ser ordenado, nutrido y cuidadosamente practicado. Al examinar detenidamente sobre este testimonio bíblico, debemos distinguir entre los juicios morales que se hacían sobre actividades del mismo sexo en tiempos bíblicos y los que se hacen en la actualidad. Debido al testimonio bíblico, nos damos cuenta que vivimos en una época donde no se pueden hacer juicios absolutos.

"La primera página de la Biblia, en Génesis 1:27, nos enseña que Dios creó al ser humano "macho y hembra", o sea hombre y mujer, no homosexual o lesbiana. En este mismo libro sagrado, la Palabra de Dios también nos habla de la unión matrimonial entre el hombre y la mujer "en una sola carne" (Gn 2:24) y abierta a la vida (Gn 1:28). El homosexualismo no lleva a cabo ninguno de estos dos valores inherentes a la sexualidad humana, tal y como Dios la creó: la unión heterosexual en el matrimonio y la procreación. A la luz de esta visión del hombre y la mujer, hay otros 44 pasajes bíblicos que, directa o indirectamente, condenan las prácticas homosexuales como un pecado grave." [13]

Los pasajes más directos y específicos de la Biblia contra la práctica homosexual se encuentran en el Levítico 18:22; 20:13 y en 1 Corintios 6:9-11:

1. "No te echarás con varón como con mujer, es abominación" (Lv 18:22).
2. "Si alguno se juntare con varón como con mujer, abominación hicieron; ambos han de ser muertos, sobre ellos será su sangre" (Lv 20:13).

---

[13] Lo que dice la Biblia sobre la homosexualidad, en el portal JW, [Consultado: 10 de octubre de 2015]: https://www.jw.org/es/ense%C3%B1anzas-b%C3%ADblicas/preguntas/biblia-homosexualidad/

3. "¿No sabéis que los injustos no heredarán el reino de Dios? No erréis; ni los fornicarios, ni los idólatras, ni los adúlteros, ni los afeminados, ni los que se echan con varones (sodomitas), ni los ladrones, ni los avaros, ni los borrachos, ni los maldicientes, ni los estafadores, heredarán el reino de Dios" (1 Co 6:9-10). [14]

---

[14] Ídem

10 CONCLUSION: ¿CUAL DEBE SER LA POSTURA DE LOS CRISTIANOS HOY?

La realidad es que se nos hace difícil asumir una postura determinada y puntual frente a estas problemáticas, relacionada al comportamiento sexual cristiano. Creo que hay que partir tomando como base la Palabra de Dios. La Biblia, a mi entender, no presenta muchas alternativas al respecto. Si miramos y buscamos las respuestas, desde una perspectiva espiritual, entenderemos que todo lo que Dios hizo, desde el principio fue bueno y hermoso.

No ignoramos las artimañas del enemigo que trata de dañar y arruinar lo bueno que Dios ha creado, también lo relacionado a la conducta sexual. Creemos que en la Biblia hay suficiente orientación de parte Dios para todos aquellos que buscan vivir acorde a los principios divinos.

Creemos que la Iglesia debe tener apertura para recibir a todas las personas que llegan con necesidades, como lo hizo el Señor, Dios expresa su amor por todos, y lo recibe tal como son. Pero cuando una persona llega Dios, y le entrega su vida, allí comienza una nueva manera de vivir. El Dios que nos creó es capaz de transformarnos completamente, la Palabra declara "nada hay imposible para Dios".

Si entendemos que el homosexualismo y el lesbianismo, no son enfermedades sino comportamiento que el hombre o la mujer adopta, como consecuencia o resultado de experiencias o daños recibidos desde la infancia. Otros realizan tales prácticas por tener una vida mental desordenada, y por qué no decirlo, por la influencia diabólica que lleva a las personas a ese nivel de degradación.

¿Es posible que estas personas se sanen? Creemos que sí. Pero lo que necesitamos es capacitar a la iglesia ya que no esta preparada para recibir y ayudar a estas personas. Deberíamos tener grupos especializados para contener, apoyar y restaurar a estas personas. No creo que la Biblia enseñe que ellos deben seguir viviendo tal como vinieron a Jesucristo.

En relación la fornicación y el adulterio: Las estadísticas nos muestras que existe un alto índice de jóvenes que practican el sexo antes del matrimonio, inclusive dentro de las congregaciones. Esto es una realidad que nos preocupa. Creemos que se necesita una mayor información de los peligros a que se enfrentan, conversar con ellos, desafiarlos a una vida santa, hasta llegar al matrimonio. La idea de que es necesario probar antes del matrimonio, no tiene asidero. Creemos que lo más importante es guardarse en santidad, sabiendo que en el verdadero amor hay respeto, y búsqueda de lo mejor para el otro. Un joven que ha vivido practicando el sexo deliberadamente, luego le cuesta asumir un compromiso serio, pues todo tiene relación con lo espiritual.

El adulterio es otra práctica que se ve muy frecuentemente en las iglesias, habría que analizar cada caso en particular. No es lo mismo una caída ocasional que aquel que practica continuamente ese pecado. En la Biblia encontramos varios ejemplos de hombres y mujeres que nos ilustran las consecuencias de este mal. Ahora, sin tratar de encasillar a todos por igual, en muchas congregaciones por lo general se denuncia el pecado, se toma medidas disciplinarias, pero muy rara vez, se busca una verdadera restauración. La persona, si es creyente, ya tiene conciencia y siente que ha cometido la falta, no necesita de nadie que le predique o le muestre pasajes bíblicos, ya el Espíritu Santo lo ha tratado. Lo que en ese momento precisa es, hermanos que simplemente lo sostengan en oración y en silencio para pasar es duro e trance.

Ahora ¿Cuál debería ser los pasos a seguir? Creemos que las iglesias deberían tener grupo de hermanos capacitados psicológica y espiritualmente para examinar, ayudar y acompañar a estas personas en su peregrinar hacia su recuperación plena. Si observamos la Biblia en su totalidad, podemos ver a un Dios que trata de ayudar, perdonar a las personas en conflicto. Es verdad que Dios no puede convivir con el pecado, pero resalta en el texto un amplio énfasis en el perdón y restauración.